彩色印刷

车主养车用车必备宝典

养车用车一本就够

陈甲仕◎主编

机械工业出版社
CHINA MACHINE PRESS

本书系统地介绍了养车、用车的基础知识，让读者掌握正确的养车方法、合理的用车技巧，从汽车结构和使用基础讲起，内容包括发动机、底盘、电气系统、车身的保养，汽车保险的购买和理赔，年审指南，节油驾驶，紧急情况处理等，图文并茂、通俗易懂、可操作性强，非常适合广大私家车主和驾驶人阅读使用。

图书在版编目（CIP）数据

养车·用车一本就够 / 陈甲仕主编 . —北京：机械工业出版社，2017.5
ISBN 978-7-111-56094-4

Ⅰ . ①养… Ⅱ . ①陈… Ⅲ . ①汽车 – 车辆保养 – 基本知识②汽车 – 使用方法 – 基本知识 Ⅳ . ① U472

中国版本图书馆 CIP 数据核字（2017）第 031658 号

机械工业出版社（北京市百万庄大街 22 号 邮政编码 100037）
策划编辑：杜凡如 连景岩 责任编辑：杜凡如 连景岩
责任校对：佟瑞鑫 陈 越 封面设计：马精明
责任印制：李 飞
北京铭成印刷有限公司印刷
2017 年 3 月第 1 版第 1 次印刷
184mm × 260mm · 9.25 印张 · 210 千字
0 001—3 500 册
标准书号：ISBN 978-7-111-56094-4
定价：49.90 元

凡购本书，如有缺页、倒页、脱页，由本社发行部调换

电话服务	网络服务
服务咨询热线：010-88361066	机 工 官 网：www.cmpbook.com
读者购书热线：010-68326294	机 工 官 博：weibo.com/cmp1952
010-88379203	金 书 网：www.golden-book.com
封面无防伪标均为盗版	教育服务网：www.cmpedu.com

前言

FOREWORD

近年来私家车保有量持续快速增加，如何养好车、用好车成为私家车主十分关心的内容。为了让广大私家车主及驾驶人掌握养车和用车的基本知识，我们编写了《养车•用车一本就够》以满足其学习需要。

全书围绕着“养车”与“用车”两个主题进行选材，选取的内容均是车主及驾驶人必须要懂得的知识要点和自己能够独立操作的保养项目，而且配以实物图逐一讲解，学起来没有任何难度。本书分为13章，即汽车结构和使用基础、养车基础、汽车各部分的养护、汽车保险的事项、汽车年审指南、汽车防火与防盗、出车前及出车后的检查、走合期用车、用车技巧、途中紧急情况处理。

本书从实际应用出发，条理清晰、内容翔实、图文结合、易学实用、通俗易懂，可读性和可操作性强，可作为车主的随身读物。

本书由陈甲仕主编，参加编写的人员还有陈柳、黄容。在本书编写过程中，得到了广大汽车维修厂、汽车4S店及许多汽车驾驶经验丰富的驾驶人的大力支持和协助，在此表示诚挚的感谢！

由于编者水平有限，书中难免有不足之处，恳请广大读者批评指正。

编　者

目录
contents

目录

第一章　汽车结构和使用基础

事实上，车主及驾驶人在用车过程中都要对汽车有个熟悉的过程，主动学习汽车的结构、汽车仪表的功能和指示灯的含义，特别要熟悉各种开关及按键的使用，这对驾驶汽车非常有帮助。本章重点教会你熟悉汽车并用好汽车。

一、汽车结构

汽车主要由发动机、底盘、车身和电气设备等四个基本部分组成。

发动机

底盘

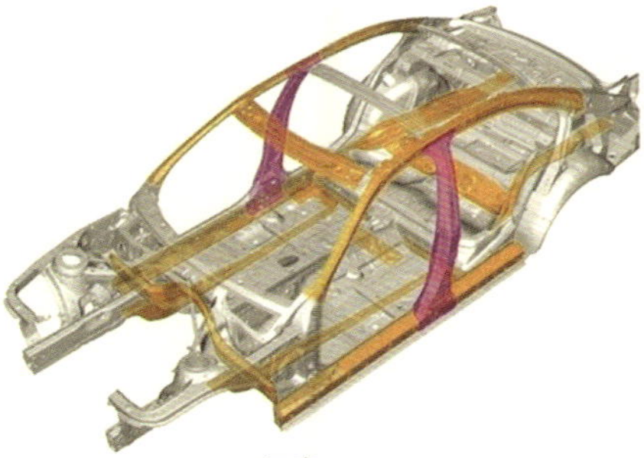

车身

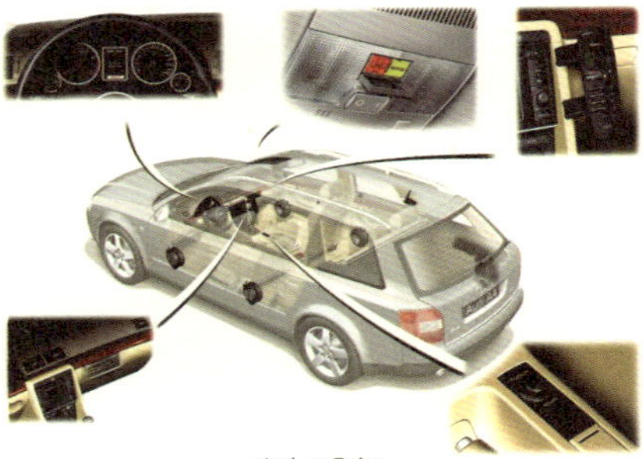

电气设备

汽车的基本结构

(1) 发动机

1）发动机的结构。发动机由曲柄连杆机构、配气机构、冷却系统、润滑系统、点火系统和燃油系统等组成。

① 曲柄连杆机构包括气缸盖罩、气缸垫、气缸盖、气缸体、活塞、活塞环、活塞销、连杆、曲轴和飞轮等。

② 配气机构包括气门（包括进气门及排气门）、气门座、气门导管、凸轮轴和凸轮轴正时齿轮等。

③ 冷却系统包括散热器、冷却液泵、节温器和冷却风扇等。

④ 润滑系统包括机油泵、油底壳、机油滤清器和机油集滤器等。

⑤ 点火系统包括蓄电池、点火开关、点火线圈及火花塞等。

⑥ 燃油系统包括燃油箱、燃油泵、燃油压力调节器、燃油滤清器、燃油表液位传感器、喷油器和燃油分配管等。

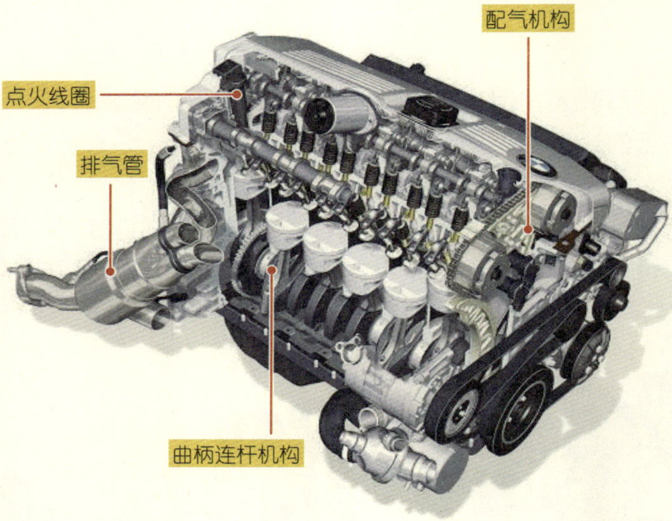

发动机的结构

2）发动机的工作原理。发动机是汽车的动力源，它把汽油燃烧的化学能转变成热能，然后又把热能转变成机械能，并且这种能量转换过程是在发动机的气缸内部进行的。

① 通过进气门将新鲜空气引入气缸。

② 喷油器喷入汽油，然后与新鲜空气混合成可燃混合气。活塞上行压缩可燃混合气，在接近终点时火花塞点燃可燃混合气。

③ 可燃混合气着火燃烧而膨胀，推动活塞下行，产生动力。

④ 最后通过排气门将燃烧产生的废气排出。

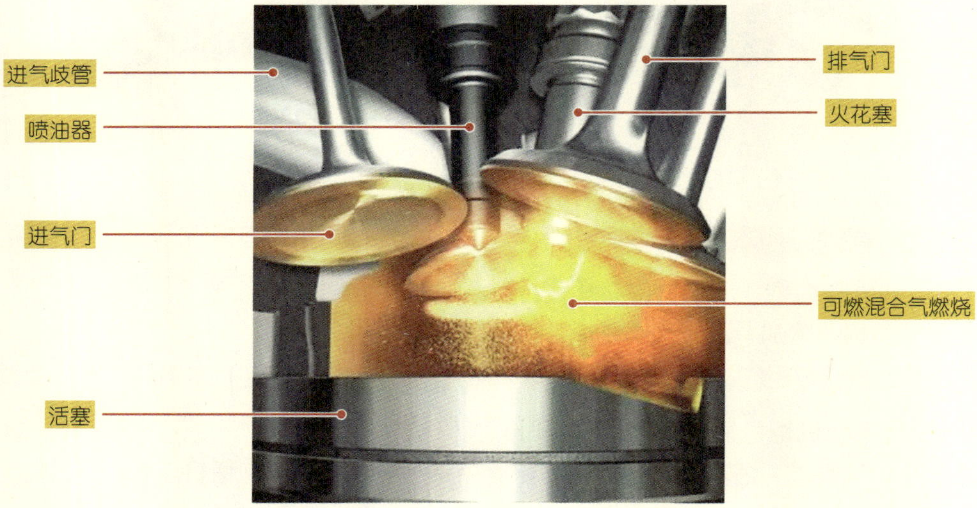

发动机的工作原理

(2) 底盘

汽车底盘由传动系统、行驶系统、转向系统和制动系统四部分组成。底盘的作用是支撑、安装汽车发动机及其各部件、总成，形成汽车的整体造型，并接受发动机的动力，使汽车产生运动，保证正常行驶。

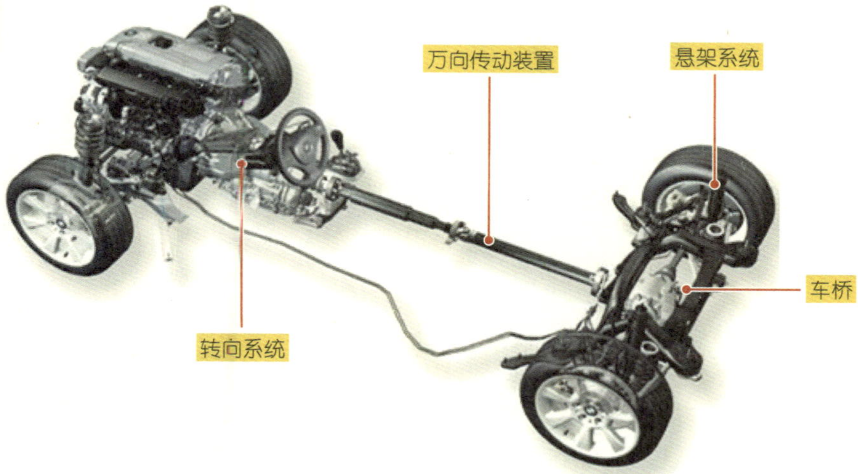

汽车的底盘结构

1）传动系统。传动系统由离合器、变速器、万向传动装置、主减速器、差速器、半轴和驱动桥壳等组成。

传动系统可将发动机发出的动力传递到驱动车轮，并承担了减速增矩、变速、倒车、中断动力、轮间差速和轴间差速等功能。传动系统与发动机配合工作，保证汽车在各种工况条件下的正常行驶，并具有良好的动力性和经济性。

前车桥

2）行驶系统。行驶系统由车架、车桥、车轮和悬架系统构成。行驶系统的作用如下：

① 接受传动系统的动力，通过驱动轮与路面的作用产生牵引力，使汽车正常行驶。

② 承受汽车的总重量和地面的反力。

③ 缓和不平路面对车身造成的冲击，衰减汽车行驶中的振动，保持行驶的平顺性。

④ 与转向系统配合，保证汽车操纵的稳定性。

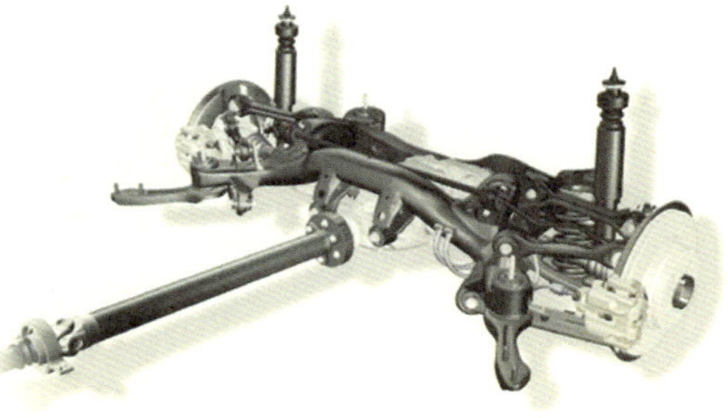
后车桥

3）转向系统。转向系统由转向盘、转向柱、转向机和助力转向系统等组成。转向系统的功用是保证汽车能按照驾驶人的意愿进行直线或转向行驶。

4）制动系统。制动系统可分为行车制动系统和驻车制动系统，其中驻车制动系统包括手驻车制动器、脚驻车制动器以及电子驻车制动器。高级品牌的轿车广泛采用电子驻车制动器。驻车制动系统的作用如下：

① 使行驶中的汽车按照驾驶人的要求进行强制减速甚至停车。

② 使已停止的汽车在各种道路条件下（包括在坡道上）稳定驻车。

③ 使下坡行驶的汽车速度保持稳定。

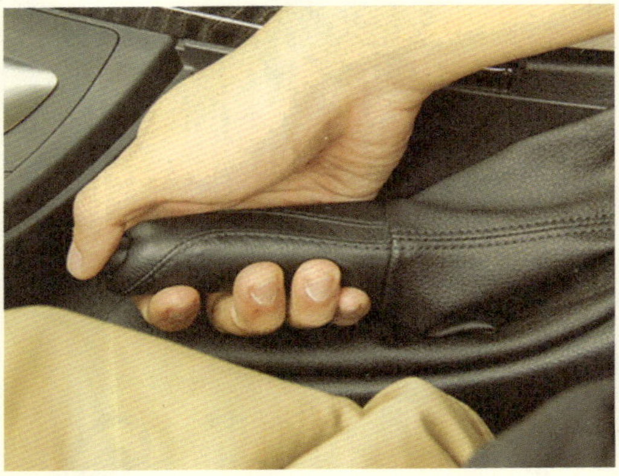

手驻车制动器

电子驻车制动器

(3) 车身

车身是用来载人装货的部分，车身结构主要包括车身壳体、车门、车身钣件、车身内外装饰件和车身附件等。

车身结构

(4) 电气设备

电气设备包括蓄电池、照明与信号系统、仪表与报警系统、音响系统和辅助电器系统等。

电气设备透视图

二、汽车仪表和指示灯

在汽车仪表板上安装了各种仪表、指示灯及警告灯，用于帮助车主及驾驶人能随时了解汽车的行驶情况和发动机的工作状况，以便及时发现和排除可能出现的故障。不同车型的汽车仪表和指示灯可能有所差异，但基本功能和作用是一致的。

汽车仪表和指示灯

1. 汽车仪表

汽车仪表主要由发动机转速表、车速表、发动机冷却液温度表和燃油表等组成。

(1) 发动机转速表

发动机转速表显示的是发动机的转速，单位为1000r／min。转速表指针指示的数字显示当前的发动机转速。

发动机转速表

(2) 车速表

电子车速表显示的是汽车的行驶速度，单位为km／h；车速表指针指示的数字表示汽车的行驶速度。此外，有些车型的车速表还同时设有总里程计和单程里程计，单程里计可以随时复位至零。

车速表

燃油表

(3) 发动机冷却液温度表

发动机冷却液温度表用于指示发动机冷却液的温度，驾驶人可根据温度表的示值了解发动机的温度情况，并判断发动机及发动机冷却系统是否正常。发动机冷却液温度表单位为℃。车型不同，发动机冷却液温度表可能略有差异，但都是指示温度的变化。

发动机冷却液温度表

(4) 燃油表

燃油表用以指示汽车燃油箱内的存油量，有指针式的，也有数字显示式的。有些车型用“F”表示满油，用“E”表示无油；也有些车型用1／1、1／2、0（或R）分别表示满油、半箱油和无油。

2. 指示灯及警告灯

下面列举一些指示灯及警告灯的含义供车主及驾驶人学习。一般情况下，车主不必了解所有指示灯及警告灯的含义，只要懂得一些用车过程中可能会遇到的就可以了，在车主使用手册上均会详细介绍指示灯及警告灯的功能。

Tips 注　意

下面提到的仪表中的指示灯及警告灯是车辆具有相关配置才会显示的，并不是提到的所有指示灯及警告灯在每款汽车上都有。

(1) 常见指示灯及警告灯

常见的有发动机自检、机油情况检查、车门未关提示、行李箱盖未关提示、驻车制动器提示、安全带提示、ABS系统检查、安全气囊检查、充电提示以及燃油量提示等指示灯及警告灯。

亮灯标志	含义	亮灯标志	含义
	发动机控制系统故障		充电系统故障
	发动机机油压力过低或机油不足		发动机温度过高

（续）

亮灯标志	含义	亮灯标志	含义
	行李箱盖打开	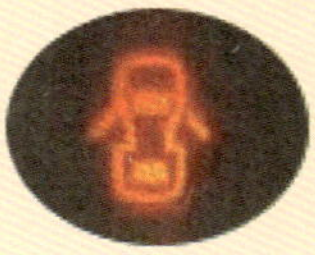	车门打开或未能完全关闭
	风窗清洗液耗尽或液位过低		燃油即将耗尽或燃油油位过低
	安全气囊系统故障		没有系安全带或安全带损坏
	防抱死制动系统故障		驻车制动器处于制动状态

此外，如广汽本田凌派、东风日产炫丽、北京现代悦动等轿车没有发动机冷却液温度表。一般情况下，指示灯颜色为蓝色和绿色表示发动机温度低，颜色为红色表示发动机温度高，不显示任何颜色表示发动机温度正常。

广汽本田凌派轿车发动机温度低标志

东风日产炫丽轿车发动机温度低标志

(2) 灯光提示的指示灯

在夜间行车，良好的灯光照明非常重要。如果看到仪表上灯光指示灯亮起而相应的灯光没有亮，此时就需要检查对应的灯光是否正常。

亮灯标志	含义	亮灯标志	含义
	远光灯开启	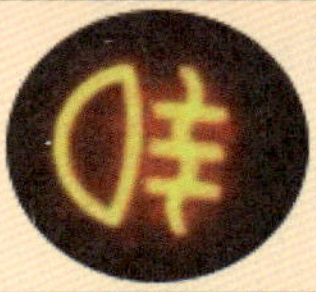	后雾灯开启
	近光灯开启		前后示宽灯开启
	前雾灯开启		左转向灯开启
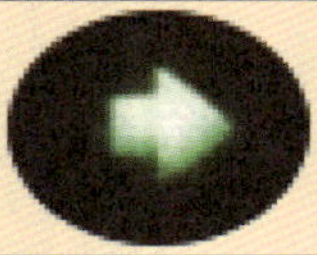	右转向灯开启		危险警告灯开启

(3) 汽车行驶状态提示标志

中高级品牌的轿车都有驾驶模式的选择（参见后面的“驾驶模式调整按键”的知识），如北京现代索纳塔的驾驶模式选择、斯巴鲁的驾驶模式选择等，均可以通过仪表上的标志来了解目前汽车处于什么样的驾驶模式。一般这种标志都是直接显示相关模式的英文，如“Sport（运动）、Comfortable（舒适）、ECO（经济）”等（车型不同显示的模式标志有所差异）。但宝马、路虎、奥迪等品牌轿车的驾驶模式则通过多功能显示屏显示。

北京现代索纳塔仪表显示“ECO”经济模式

此外，有些混合动力轿车的仪表不仅会显示驾驶模式，还会显示汽车行驶状态能量流程图，帮助车主更好地知道汽车能量的混合程度（纯电动、油电混合或纯汽油），如北京现代索纳塔、雅阁等品牌的混合动力轿车。

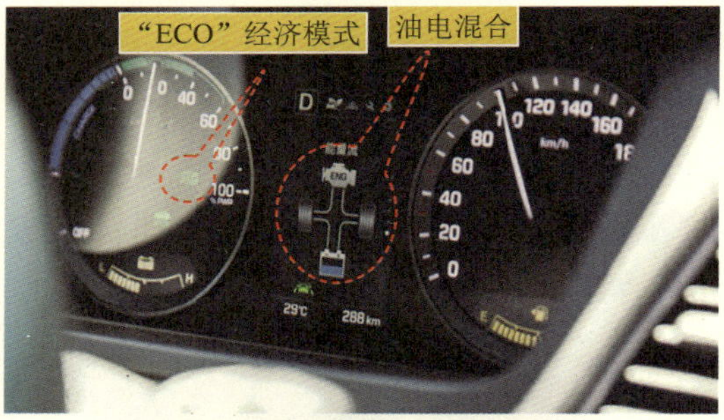

北京现代索纳塔混合动力轿车仪表显示

纯电动

油电混合

纯汽油

雅阁混合动力轿车仪表显示

在一些车型上还会有定速巡航装置。为了让车主明确这个功能是否开启，部分厂家也会在仪表上进行显示，显示标志为巡航的英文“Cruise”。当功能启动的时候，标志会通过不同颜色来提醒驾驶人。一般来说绿色表示功能启动，如起亚K4轿车。

起亚K4轿车仪表显示巡航

(4) 电子安全装置的指示灯

在仪表上可以看到的电子安全系统标志有ESP车身稳定系统或ASR牵引力控制系统指示灯和胎压检测系统指示灯等，如318Li等宝马品牌的轿车均有设置。

1）ESP或ASR系统关闭指示灯亮起时，说明ESP或ASR处于关闭状态。ESP和ASR均为安全辅助设备，在日常行车中对安全行驶有很大的帮助作用，在日常驾驶时一般不能将其关闭。

2）如果ESP或ASR系统指示灯一直点亮，说明ESP或ASR系统发生故障；而行驶中发现该指示灯频繁闪烁，并不是表示ESP或ASR系统出现故障，而是汽车出现打滑等现象，是该系统发出的警示信号。

3）胎压检测系统指示灯显示为黄色，说明胎压检测系统存在故障；如果该指示灯显示为红色，说明胎压不足。

ESP或ASR系统关闭指示灯

ESP或ASR系统指示灯

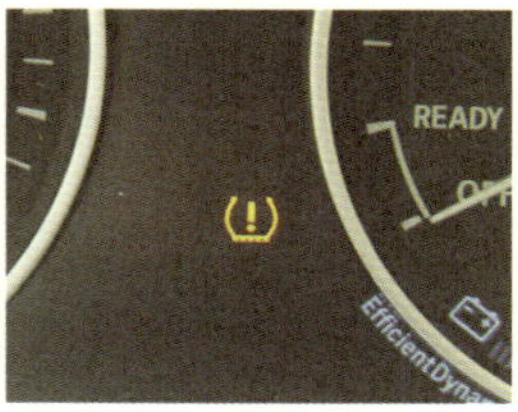

胎压检测系统指示灯

(5) 智能钥匙提示标志

对于配置了无钥匙起动系统的轿车（如三菱、宝马等品牌的轿车），仪表上还会显示出无钥匙系统故障提示功能，如智能钥匙电池电量低、无钥匙操作系统故障等提示标志，车主一目了然就能知道无钥匙起动系统存在故障。

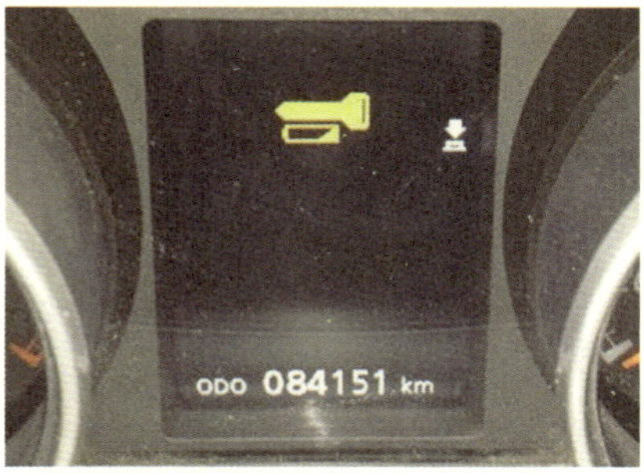

智能钥匙电池电量低

无钥匙操作系统故障

(6) 四驱系统指示标志

四驱系统指示标志主要表示汽车已经进入四轮驱动状态，但全时四驱汽车则没有四驱系统指示标志，选择模式参见后面的“汽车驱动形式的切换装置”知识。如福特征服者分时四轮驱动分为两种模式，分别是4×4 LOW（低速模式）和4×4 HIGH（高速模式）。无论选择哪种模式，四驱系统状态指示灯都会亮起，但4×4 LOW和4×4 HIGH则会有相应的变化。

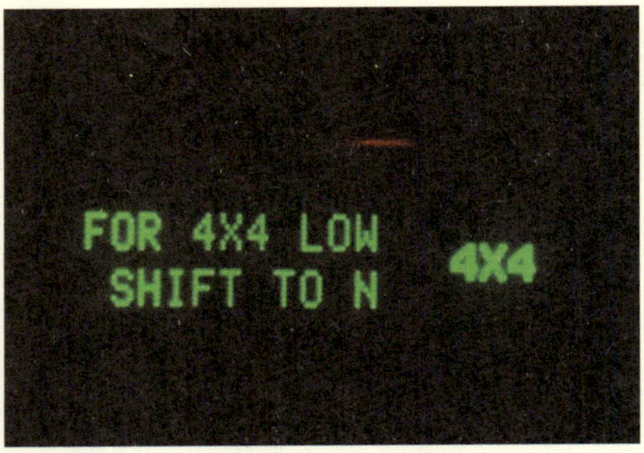

福特征服者四驱系统指示标志

此外，有一部分轿车上的仪表可能只会出现“4WD”四驱系统标志，而这个标志也只会在汽车自检时短暂点亮，如东风日产逍客、东风日产奇骏等。

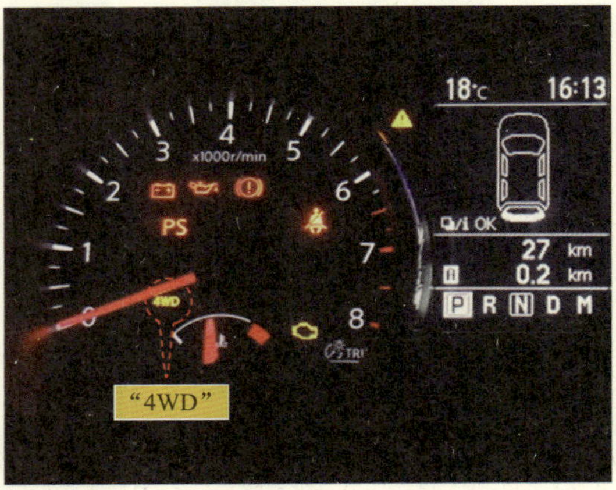

东风日产逍客“4WD”指示标志

东风日产奇骏“4WD”指示标志

三、各种开关及按键的使用

日常用车过程中，我们难免会接触到一些新车或者陌生的汽车，如刚刚买了一辆新车或临时使用朋友的汽车，这时候驾驶室环境对自己来说多少会有些陌生，自己熟悉的各种开关及按键会一时找不到。下面对车内的常用开关及按键进行介绍，希望能对车主及驾驶人的日常用车提供帮助。

1. 遥控钥匙

遥控钥匙包括锁车、解锁、行李箱（打开、解锁）等按键，如宝马520Li遥控钥匙主要作用如下：

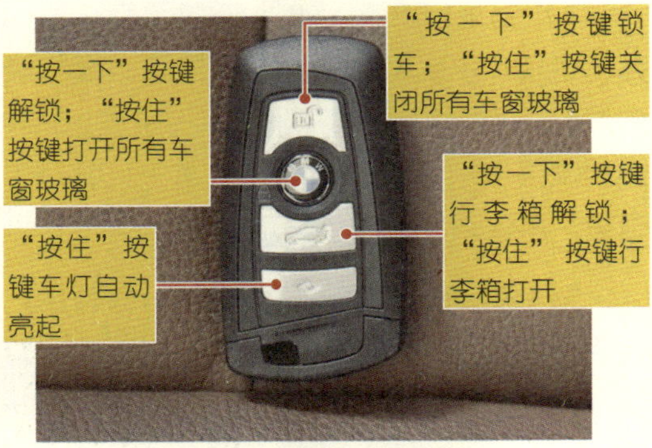

遥控钥匙按键

2. 电动座椅位置调整

车型不同，电动座椅位置调整方法有所差异，下面以宝马520Li轿车为例。

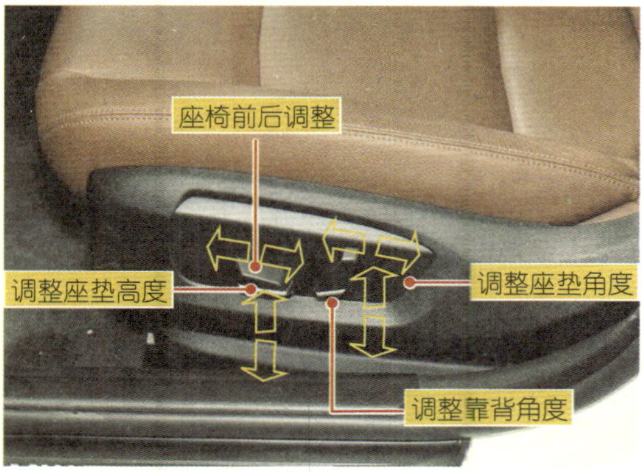

电动座椅位置调整

3. 行车灯光调节按键与旋钮

行车灯光调节按键与旋钮包括前雾灯、后雾灯、仪表亮度和近光灯等。

1）“行车灯自动控制”功能，即汽车已自行通过传感器，根据周围环境及路况、行驶状态等调整行车灯的开关、模式等，如宝马520Li轿车可以自动控制自适应前照灯、弯道辅助灯、迎宾灯和日间行车灯。

2）“0”位置表示关闭所有行车灯光，包括近光灯、示宽灯等。最右侧为“近光灯”位置，一般汽车并不设置远光灯按键，近光灯旋钮打开后就默认为“近光灯”，远光灯可以通过转向柱拨杆上的“远光灯”功能进行切换。

3）右侧旋钮为调整仪表亮度旋钮，通过上下旋动可以调节仪表背光亮度。

4）左侧的上下两个按键用于控制雾灯，向左照的为前雾灯，向右照的为后雾灯。雾灯主要在大雾或沙尘等能见度较低的环境下使用。

5）此外，某些高级品牌轿车还配有前照灯高度调节旋钮（如全新帕萨特280TSI），可以调节前照灯照射的角度。但不建议把这个角度调得过高，如果过高，前照灯对地面的照射就会受到影响，也会对对向来车造成影响。

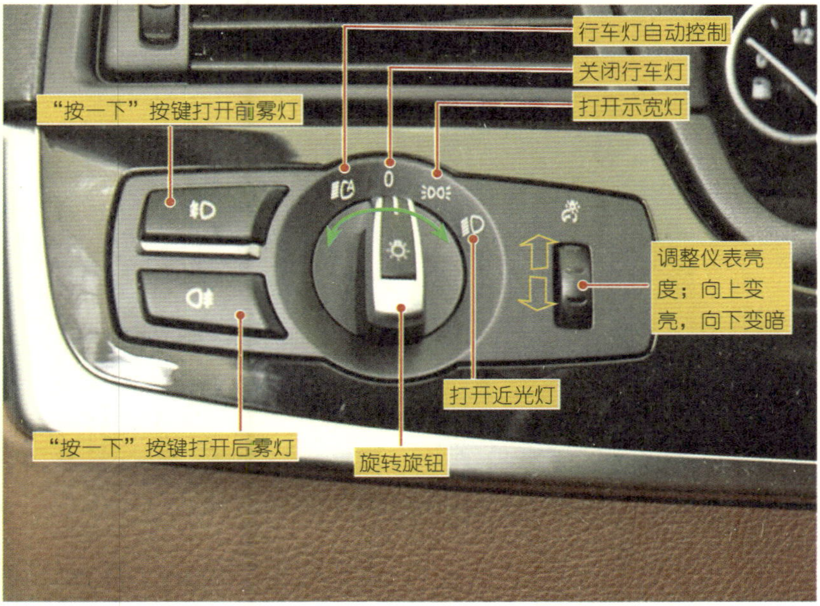

宝马520Li行车灯光调节按键与旋钮

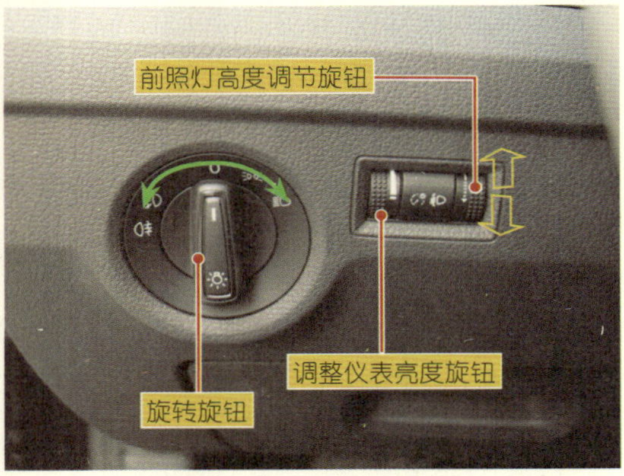

全新帕萨特280TSI行车灯光调节按键与旋钮

4. 转向盘左侧拨杆开关

以宝马520Li轿车为例，“向前拨”拨杆远光灯点亮，“向后拨”拨杆远光灯关闭，近光灯模式下“向后拨”拨杆为前照灯闪灯信号，主要是提醒过往汽车及行人注意安全。此外，转向盘左侧拨杆开关还用于控制转向灯。不同的汽车转向盘左侧拨杆开关有不同的操作方法，有的汽车是“向后拨”拨杆为远光/近光的切换。

长按住“BC”按键为复位功能，如先按“BC”按键选择要清零的项目，然后再长按“BC”按键即可清零或复位。

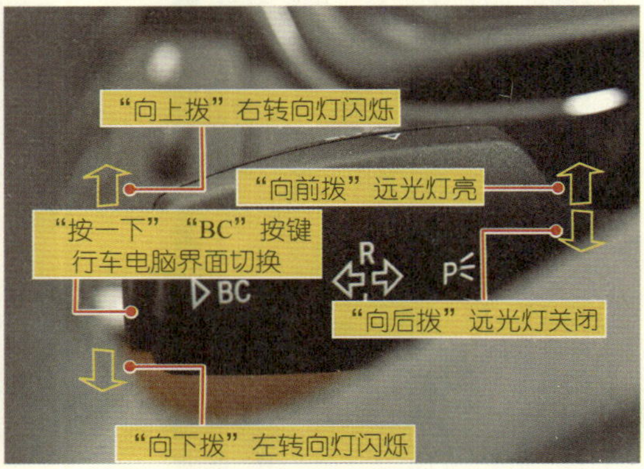

转向盘左侧拨杆开关

5. 转向盘右侧拨杆开关

以宝马520Li轿车为例，“向上拨”拨杆可以开启刮水器，继续拨动可以加快速度，反之“向下拨”为关闭刮水器。如果刮水器处于关闭状态，“向下拨”为“间歇档”。

另外，有些车型还配备了自动刮水器，开启后汽车可以根据雨量及速度自动调节刮水器刮水杆摆动速度。传感器的敏感度也可以通过“灵敏度调整按钮”进行调节。目前在宝马、奥迪、奔驰等中高级品牌轿车均配备有自动刮水器。

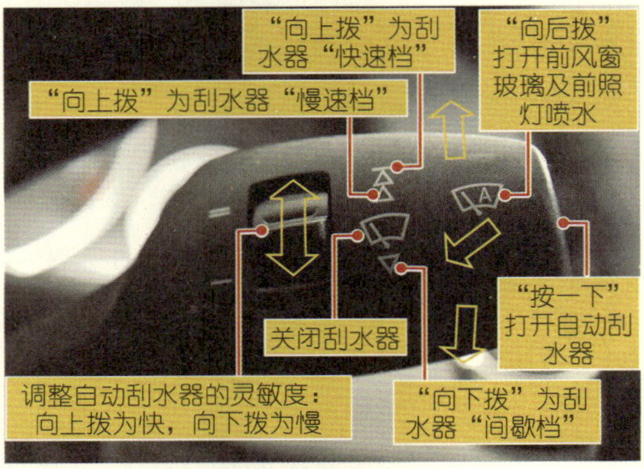

转向盘右侧拨杆开关

6. 转向盘左侧按键

转向盘左侧一般布置定速巡航系统的按键。以宝马520Li轿车为例，它的主要操作方法如下：

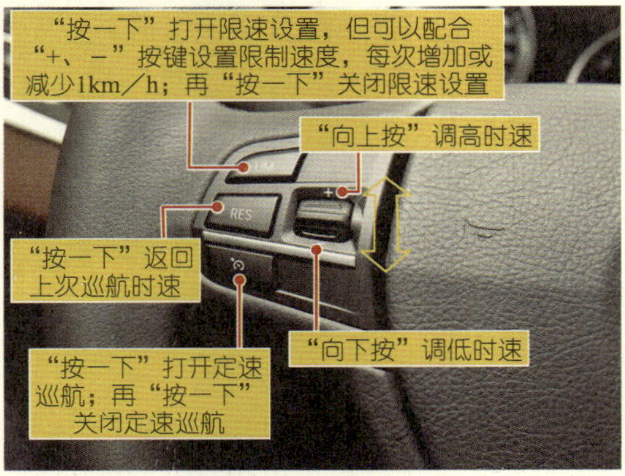

转向盘左侧按键

7. 转向盘右侧按键

转向盘右侧一般布置音频控制系统的按键。以宝马520Li轿车为例，它的主要操作方法如下：

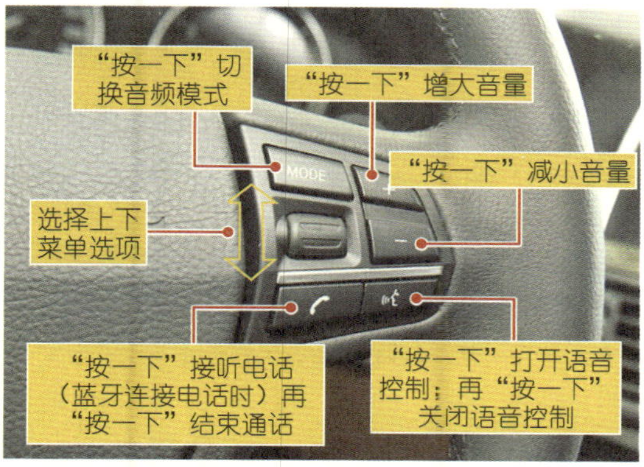

转向盘右侧按键

8. 发动机启停按键

发动机启停按键一般在高级品牌轿车上配置。以宝马520Li轿车为例，操作方法如下。

1）“按一下”发动机自动启停按键开启发动机自动启停系统，同时指示灯亮；再“按一下”发动机自动启停按键关闭发动机自动启停系统，同时指示灯熄灭。

2）“按住”发动机启停按键发动机点火（熄火状态踩住制动踏板）或强制熄火（行驶中）；“按一下”发动机启停按键打开汽车电源（熄火状态）或发动机熄火（发动机运转状态）。

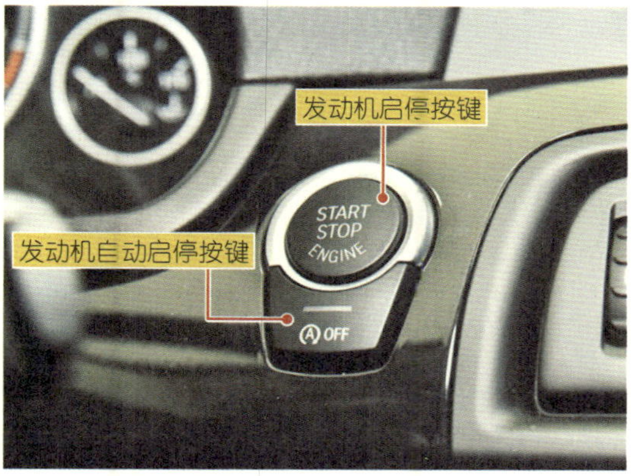

宝马520Li轿车的发动机启停按键

此外，有些非纯燃油版轿车上的发动机自动启停按键增设了eDRIVE按键，如宝马530Le插电式混合动力轿车。汽车起动后系统默认为“AUTO eDrive”模式，当“按一下”eDRIVE按键后，汽车就会变为MAX eDRIVE模式，即纯电动模式优先行驶。当电池电量低于5%时，汽油发动机自动起动，成为混动模式并切换为“AUTO eDrive”模式。

宝马530Le插电式混合动力轿车的发动机启停按键

9. 车顶开关及按键

不同的汽车车顶开关及按键有不同的操作方法。以宝马520Li轿车为例，它的操作方法如下：

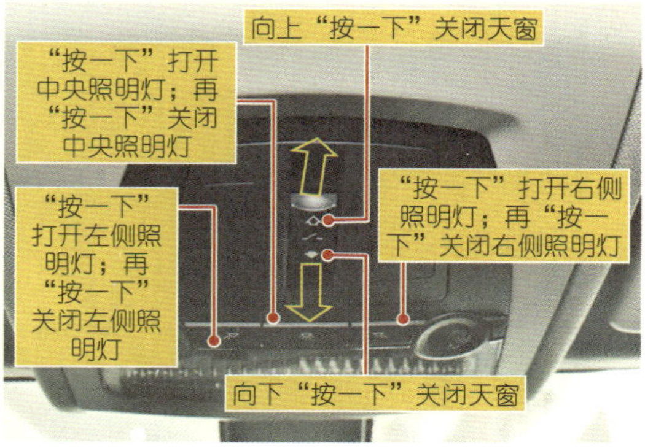

宝马520Li轿车车顶开关及按键

此外，有些汽车的车顶开关及按键内还具有“紧急呼叫”的功能，如宝马535Li轿车。

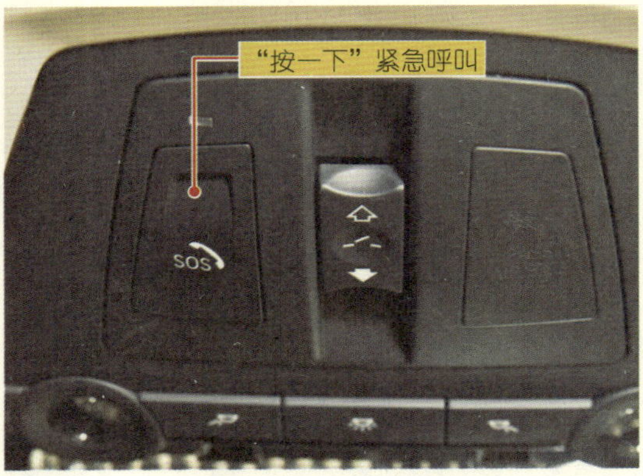

宝马535Li轿车车顶开关及按键

10. 中控锁和危险警告灯按键

中控锁和危险警告灯按键一般布置在比较显眼的位置。打开危险警告灯可以对周围汽车起到警示甚至求助作用，路边临时停车等特殊情况可以将其打开以提高安全性。中控锁可以控制汽车四门的开锁／上锁，它的操作方法如下：

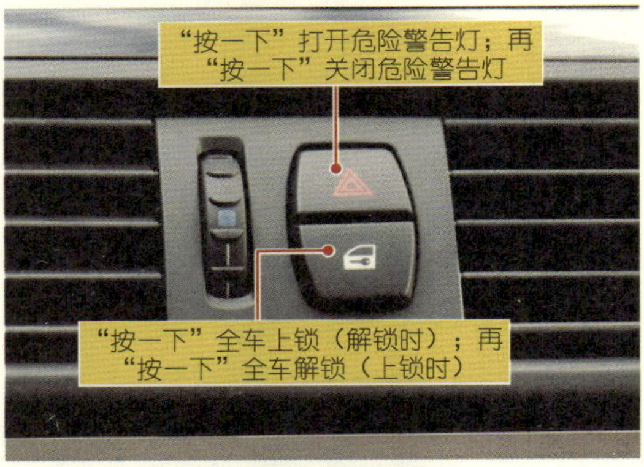

中控锁和危险警告灯按键

11. 中央控制面板按键

中央控制面板按键主要包括音响系统和空调系统，它们的图标类型比较复杂，但基本上大同小异。宝马520Li等轿车的中央控制面板按键相对复杂，但本田雅阁等轿车的设计非常直观，不看说明书也能顺利操作。

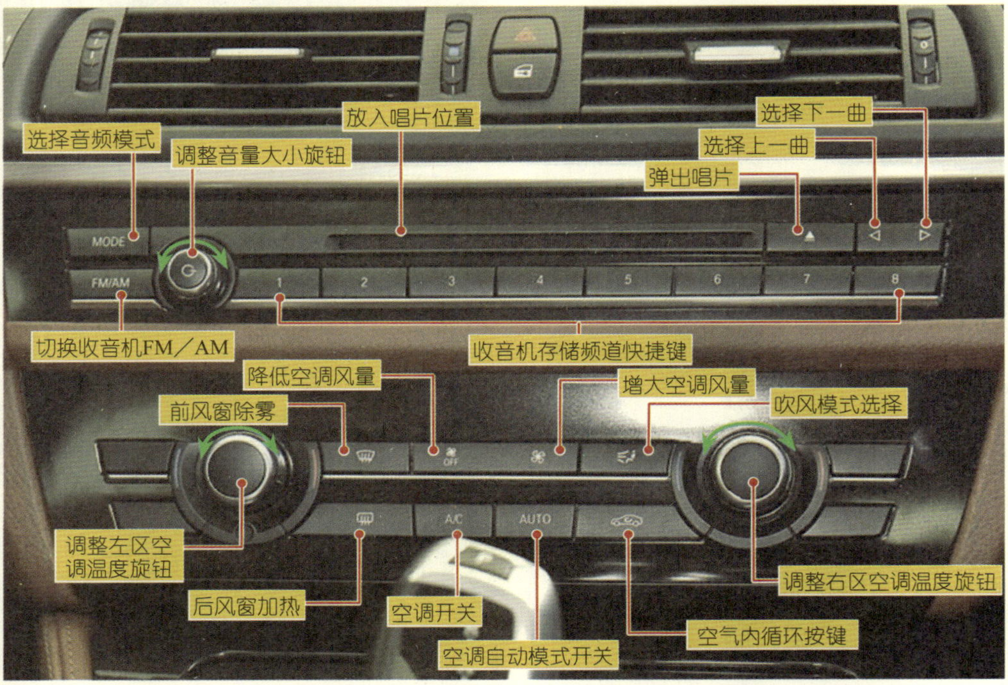

宝马520Li轿车中央控制面板按键

本田雅阁轿车中央控制面板按键

12. 驾驶模式调整按键

多数汽车都提供3种驾驶模式，运动、舒适和经济。运动模式下汽车会延迟升档转速，提高加速响应速度，某些高级车型（如宝马520Li轿车）上还有相应的其他调节，如车身稳定系统、牵引力控制的调节。此外，有些高级品牌轿车的驾驶模式根据地形进行设置，如东风标致3008轿车、路虎揽胜轿车等。

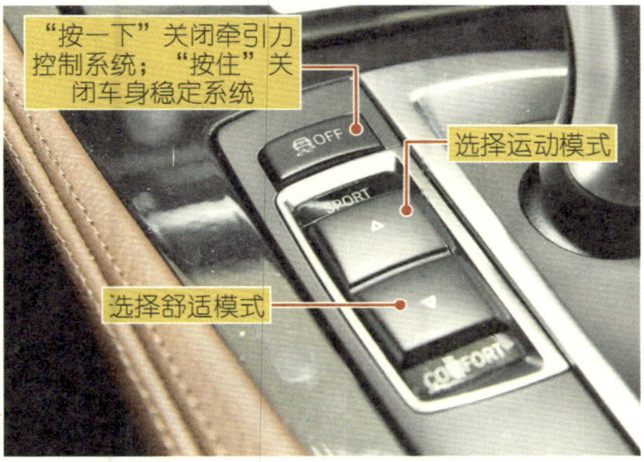

宝马520Li轿车的驾驶模式调整按键

1）东风标致3008轿车的驾驶模式分别为公路模式、雪地模式、泥地模式、沙地模式和ESP关闭。值得注意的是，在汽车脱困的时候才需要关闭ESP，因为ESP会在车轮打滑时限制住整车的动力输出，其他时候不要关闭ESP。

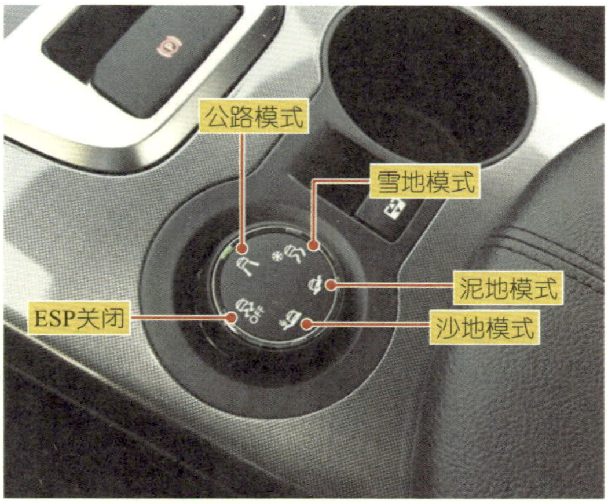

东风标致3008轿车的驾驶模式调整按键

2）路虎揽胜轿车的驾驶模式分别为普通模式、草地/沙砾/雪地模式、泥地/车辙模式、沙地模式和岩石模式。

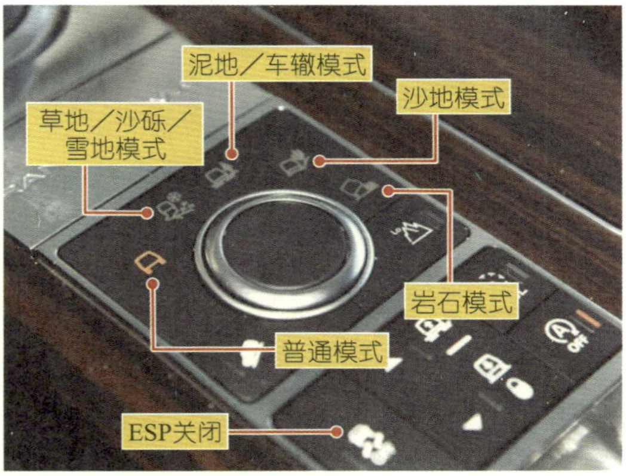

路虎揽胜轿车的驾驶模式调整按键

13. 便利辅助系统按键

以宝马520Li轿车为例，便利辅助系统包括电子驻车制动器、泊车雷达系统和自动驻车系统。

1）电子驻车制动器的作用类似传统的手驻车制动器或者脚驻车制动器，使用方法很简单，向上“拉起”启动电子驻车制动器，向下“按一下”松开电子驻车制动器。

2）大多数汽车的泊车雷达系统为默认开启状态，过于敏感的泊车雷达系统频繁响起也会让人烦躁，在确保安全的情况下可以关闭泊车雷达系统，需要使用时再将其打开。

3）当启动自动驻车系统时，停车后松开制动踏板，汽车在坡路上不会前进或后溜。而踩下加速踏板后驻车制动解除，非常适合在拥堵路段使用。

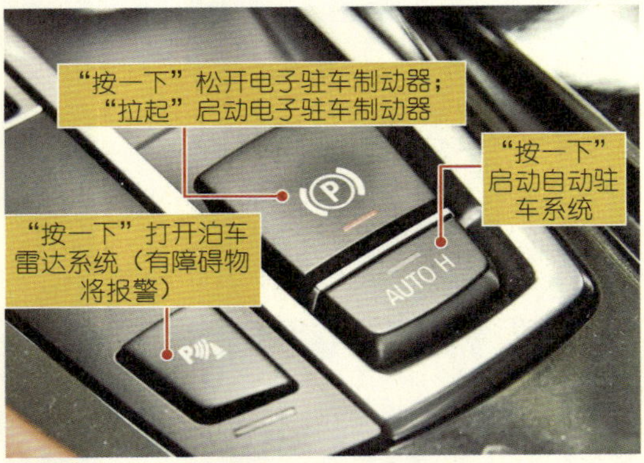

便利辅助系统按键

14. iDrive系统操作旋钮和按键

iDrive系统就是智能驾驶控制系统，其操作旋钮和按键类似于电脑鼠标，通过推拉、旋转和下按等动作，可以控制屏幕上的多级菜单，对8个主菜单下数百个功能进行选控。

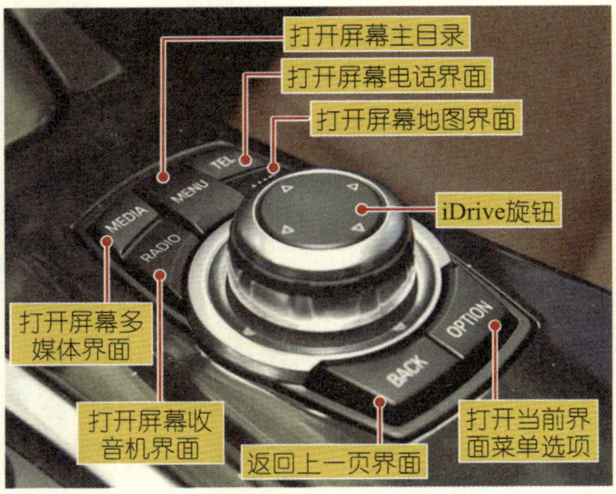

iDrive系统操作旋钮和按键

以宝马520Li轿车为例，iDrive系统由7个快捷键和1个旋钮操控，快捷键各司其职负责进入相应的界面，若熟悉各个按键的位置，使用起来十分方便。

15. 电动后视镜调节按键

通常情况下左、右车门均有电动后视镜调节按键，如宝马520Li轿车。但有些汽车电动后视镜调节按键集中在左侧车门上，如果你想调节左侧电动后视镜，就把"左右后视镜选择"拨键拨至左侧，然后根据需要调节，右侧相反，如宝马535Li轿车。

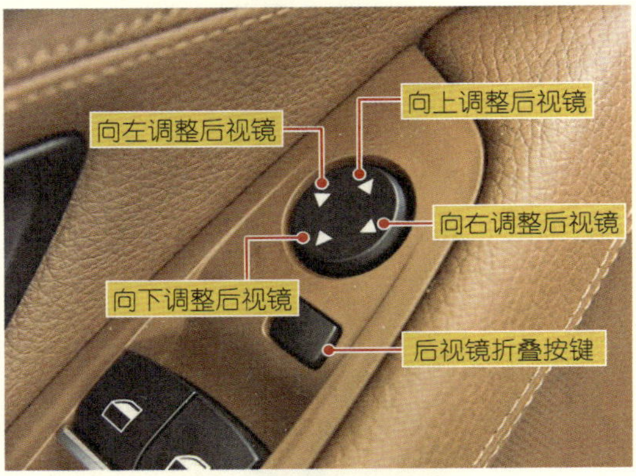

宝马520Li电动后视镜调节按键

宝马535Li电动后视镜调节按键

16. 车门的儿童安全锁开关

儿童安全锁用于防止汽车行驶中儿童从车内打开车门而产生的危险。在儿童安全锁起作用时即使打开电控中控门锁，后车门仍处于锁止状态。如果想要打开后车门，只能在中控门锁开启的状态下，用车门外侧的开关拉开车门。

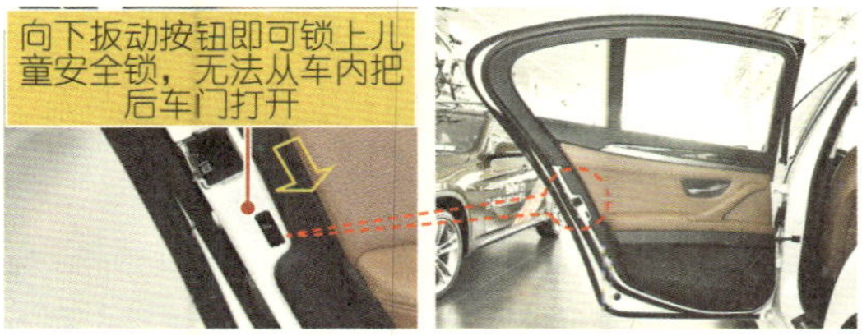

儿童安全锁

17. 汽车驱动形式的切换装置

汽车的驱动形式分为全时四驱、适时四驱和分时四驱3种。

1）全时四驱指的是汽车的四个车轮时时刻刻都能单独提供驱动力，在行驶过程中一直保持四轮驱动的形式。全时四驱不会在两驱和四驱之间切换，多用于中高级品牌的轿车上，如奔驰、宝马、奥迪、路虎等，但它们设置有各种驾驶模式调整按键，参见前面“驾驶模式调整按键”。

2）适时四驱就是根据汽车的行驶路况，系统自动切换为两驱或四驱模式。适时四驱广泛装备于城市SUV或轿车上，如本田CR-V、现代IX35和丰田RAV4等。

3）分时四驱就是驾驶人根据不同路况可以手动切换两驱或四驱模式的四驱系统。有些是通过分动器的操纵杆进行切换，如猎豹黑金刚轿车等；有些则是通过旋钮进行切换，如福田萨瓦纳轿车等；还有一部分是通过电子按键进行切换，如长城哈弗H5等。

分时四驱系统的轿车中，一般都有2H、4H、4L这几个档位，主要是通过分动器实现高速两驱（2H）、高速四驱（4H）和低速四驱（4L）间的切换。2H在日常使用；4H在一般越野路面（如砂石路面）或者雨雪天气等路面附着力低时使用；4L在极端越野路面使用，比如泥泞道路。

猎豹黑金刚轿车驱动模式切换操纵杆

福田萨瓦纳轿车驱动模式切换旋钮

长城哈弗H5轿车驱动切换按键

此外，不同车型按键的形式有所差异，如福特征服者轿车有高速后驱（2H）、自动四驱（4A）、高速四驱（4H）和低速四驱（4L）4种模式，旋钮位于中控面板左侧。

福特征服者轿车驱动切换旋钮

四、新加装电子产品的使用

新加装电子产品的种类很多，下面选取一些对行车有帮助的电子产品进行讲解。

1. 防眩目后视镜

防眩目后视镜可有效阻挡后方的直射强光，避免驾驶人视线受到影响，保证行车安全。防眩目后视镜可分为手动防眩目后视镜和自动防眩目后视镜两种，它们均安装在车室前风窗玻璃下面。

(1) 手动防眩目后视镜的使用

当汽车受到后方强烈光线照射时，驾驶人将手动防眩目后视镜的拨杆往车后方掰即可将防眩目后视镜的防眩目功能打开，以阻挡强光对驾驶人视线的影响。不需要使用该功能时，将拨杆往车前方掰即可将其关闭，以便清楚观察后方车况。

手动防眩目后视镜的使用

(2) 自动防眩目后视镜的使用

自动防眩目后视镜可以根据后方光线的强弱，自动切换防眩目功能，完全不需要驾驶人手动操作。同时，它还可以根据实际情况自动关闭防眩目功能（如有些轿车在挂入倒档后会自动关闭防眩目功能），也可以由驾驶人手动关闭自动防眩目后视镜的电源开关。日常用车过程中只要保证自动防眩目后视镜的电源开关保持开启状态就可以了。

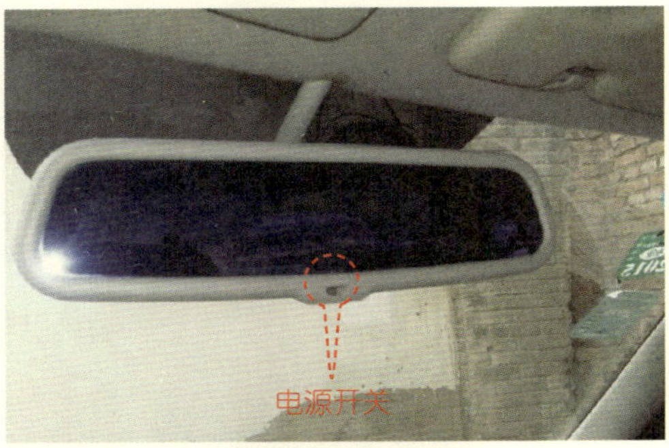

自动防眩目后视镜的使用

2. 行车记录仪

行车记录仪即记录汽车行驶途中的影像及声音等相关资讯的仪器。安装行车记录仪后，能够记录汽车行驶全过程的视频图像和声音，为驾驶人提供行车证据，避免驾驶纠纷。行车记录仪一般安装在后视镜的后面，日常用车过程中只要保证行车记录仪的电源开关保持开启状态就可以了。使用前应仔细阅读使用说明及操作方法。

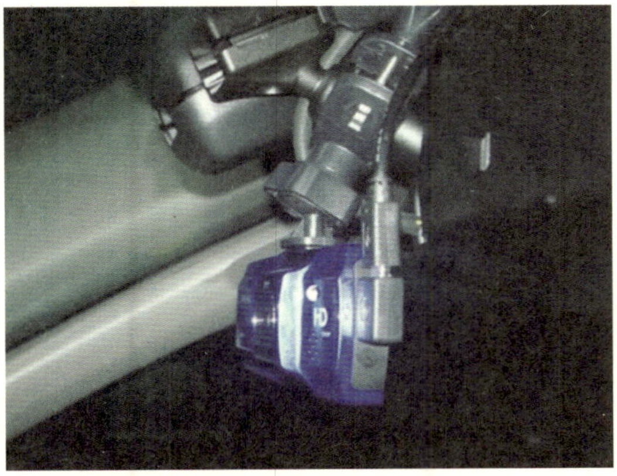

行车记录仪的使用

3. 可视倒车雷达系统

可视倒车雷达系统其实就把倒车影像和倒车雷达结合为一体的整套系统，有些轿车为标配装置。可视倒车雷达系统主要由可视摄像头和多功能显示屏组成。在日常用车过程中只要换入倒档，多功能显示屏上就会用橙色的图标来提示哪个方向有障碍物，同时还伴随有“嘀嘀嘀”提示音，行车轨迹线也能随着转向盘的转动而左右移动，非常适合驾驶人倒车使用。

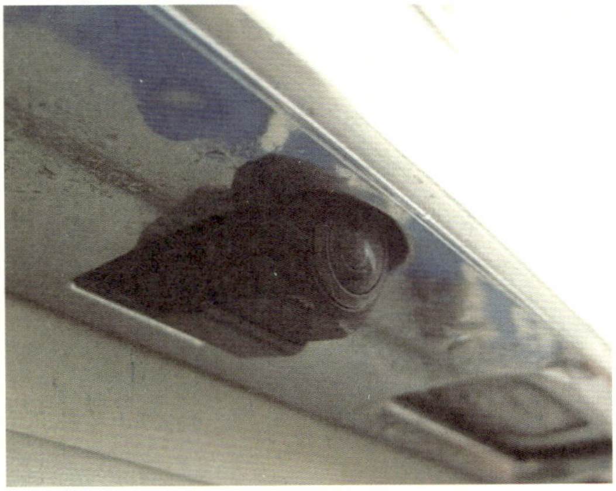

可视摄像头

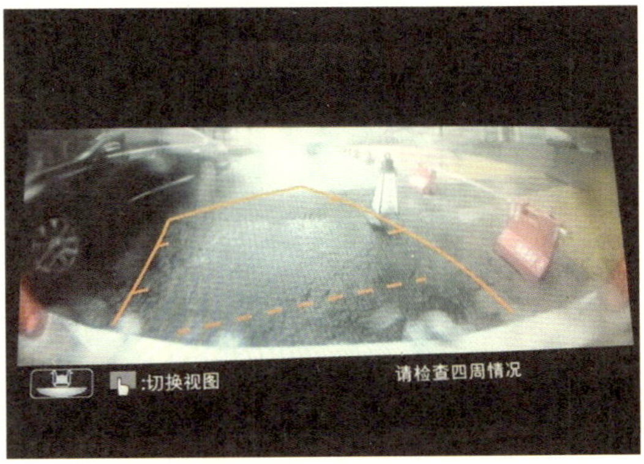

多功能显示屏

第二章　养车基础

养车是指定期对汽车相关部分进行检查、清洁、补给、润滑、调整或更换某些零件的预防性工作，又称汽车养护。做好汽车养护工作，不仅能保持汽车良好的技术状态，而且更加有利于延长汽车的使用寿命。

本章主要讲述养车过程中的一些基础知识，同时还提醒广大私家车主如何进行养车和修车。

一、汽车易耗件

一辆汽车有成千上万个零部件，作为车主及驾驶人，无法也无需一一了解这些零部件的用处，但是对于一些易耗件的常识应该要有所了解，因为它关系到行车安全及汽车的使用寿命。

易耗件，顾名思义就是指汽车零件中最容易受损及消耗的部件。一般来说，易耗件主要包括离合器摩擦片、制动摩擦片、制动盘、制动鼓、轮胎、车窗玻璃、灯泡、雨刮片、熔丝、蓄电池、排气管、减振器、悬架控制臂胶套、转向横拉杆、防尘套、球头、发动机机脚胶等，还有一些消耗件，如火花塞、机油滤清器、汽油滤清器、空气滤清器、空调滤清器、传动带、正时带等。

序　号	易耗件种类	作　用	图　示
1	离合器摩擦片	离合器摩擦片是由石棉、金属丝等材料制成的，主要作用是传导力矩，容易磨损或烧毁	
2	制动摩擦片	制动摩擦片也叫刹车皮，在汽车制动系统中，制动摩擦片是最关键的安全零件，影响制动效果的好坏	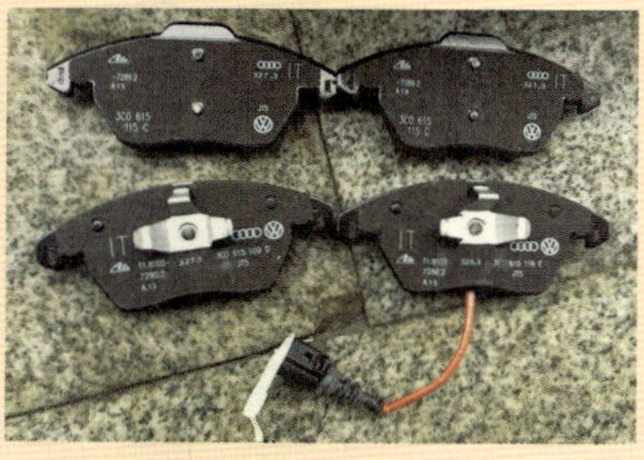

（续）

序　号	易耗件种类	作　用	图　示
3	制动盘	制动盘即刹车盘，是一个金属圆盘，是用合金钢制造并固定在车轮上，随车轮转动。汽车行驶过程中踩制动时制动卡钳夹住制动盘起到减速或者停车的作用	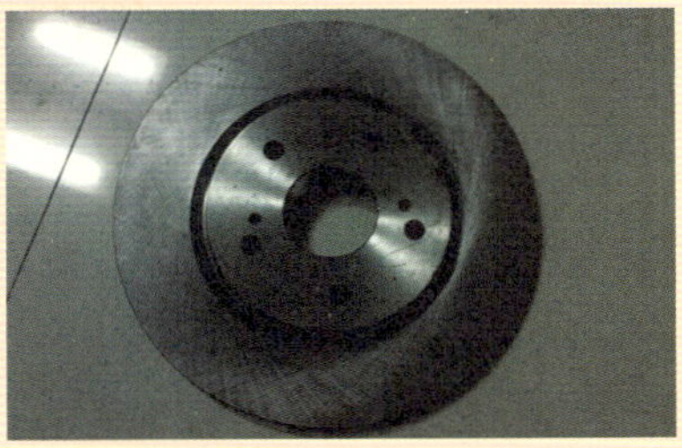
4	制动鼓	制动鼓由高强度灰铸铁制成，它是鼓式制动器的摩擦偶件	
5	轮胎	轮胎是汽车的重要部件之一，它直接与路面接触，确保汽车的正常行驶。在行车过程中，路面的粗糙、胎压不稳或者经常扎胎爆胎都会急剧缩减轮胎的使用寿命，所以除了定期检查轮胎外，尽量在平顺的路面操纵、拒绝暴力驾驶都可以延长轮胎使用寿命	
6	车窗玻璃	目前汽车上的车窗玻璃主要分为夹层玻璃和钢化玻璃。夹层玻璃的结构是两层玻璃中间有一层胶状膜，在发生损坏破裂时不会完全裂开和扩散，主要应用在前风窗玻璃；钢化玻璃在受到损坏后，会迅速扩散成无数小颗粒，在危急时刻可以方便逃生，钢化玻璃普遍运用在除前风窗玻璃以外的其他部位	 损坏钢化玻璃  损坏夹层玻璃

（续）

序　号	易耗件种类	作　用	图　示
7	灯泡	灯泡是汽车上照明道路的装置，其性能好坏将影响夜间照明的效果，直接关系到行车安全。灯泡有一定的使用寿命，如果烧毁必须更换	
8	雨刮片	雨刮片是汽车常用的车身附件，主要用来在雨天刮除风窗玻璃上的雨水，也用于洗涤风窗玻璃	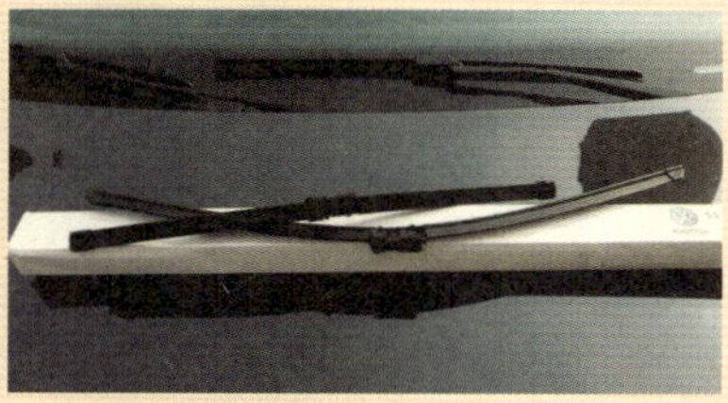
9	熔丝	熔丝也叫保险丝，它的作用是保护电路(线路)及用电设备。汽车在使用过程中，若有电器设备不工作，则可能是熔丝烧毁导致，需及时更换	
10	蓄电池	蓄电池可分为传统的铅酸蓄电池和免维护型蓄电池。蓄电池的使用寿命为2～3年，新车的原装蓄电池可以使用3年以上。如果蓄电池已经使用差不多2年，就要注意，它的使用寿命有可能已经到期	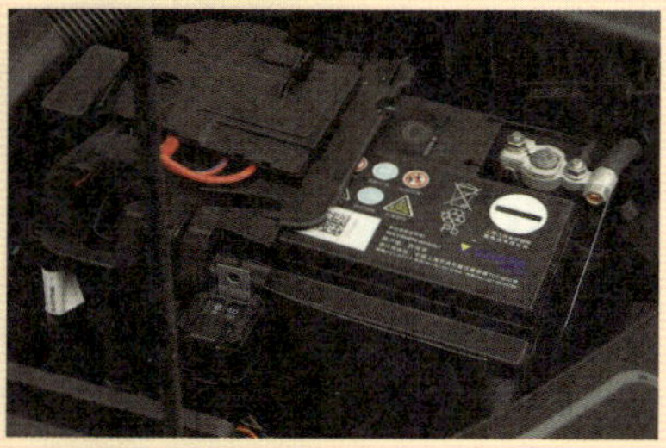
11	排气管	排气管是车底最容易受损及生锈的部件之一，平时检修时别忘了查看排气管，尤其是带三元催化转化器的排气管，更应仔细检查	

（续）

序号	易耗件种类	作用	图示
12	减振器	减振器主要用来抑制弹簧吸振后反弹时的振荡及来自路面的冲击。漏油是减振器损坏的先兆，另外，在坏路面上行驶颠簸明显加剧或制动距离变长也是减振器损坏的征兆	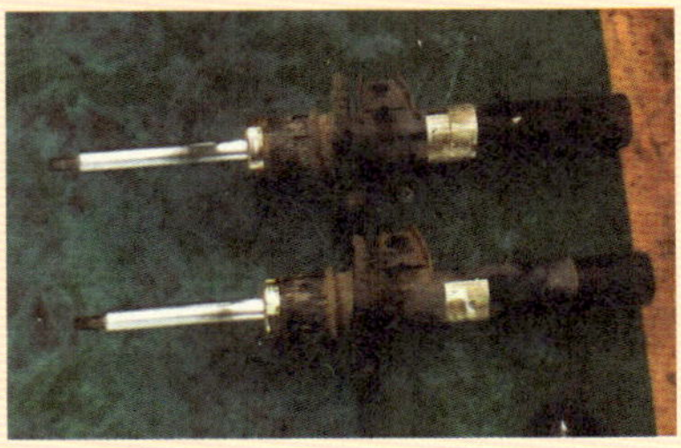
13	悬架控制臂胶套	胶套起到缓冲作用力的作用，它损坏后汽车将出现跑偏等一系列故障，即使做四轮定位也无济于事。胶套损坏在平时检查时很容易被发现	
14	转向横拉杆	转向横拉杆的主要作用是传递转向机齿条和转向节之间的力。转向横拉杆松弛是一个严重的安全隐患，因此，在例行保养时，一定要仔细检查转向横拉杆	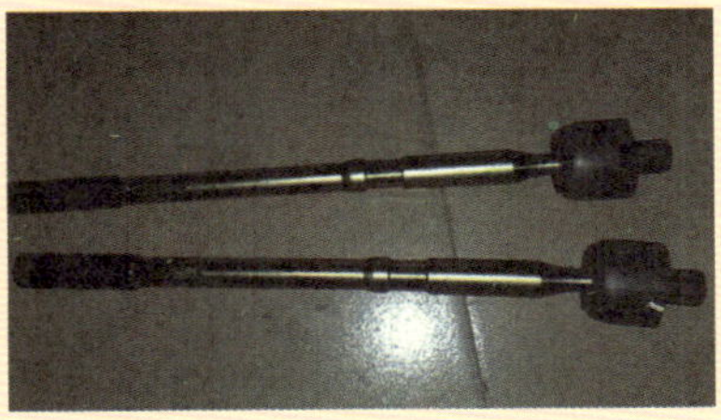
15	防尘套	防尘套多用于转向机构和减振系统。这些橡胶制品会随着时间的推移而老化、破裂，导致漏油，使转向发涩、变沉，减振失灵。平时检查时一旦发现防尘套损坏，立即更换	
16	球头	汽车的球头类似于人体的四肢关节，经常处于转动状态，需要得到很好的润滑。平时检查时一旦发现球头损坏，立即更换	

（续）

序　号	易耗件种类	作　用	图　示
17	发动机机脚胶	发动机机脚胶主要安装在发动机的下部或侧面，用于将发动机安装在车架上，起到缓冲振动的作用。发动机机脚胶损坏容易导致发动机抖动，如果损坏必须更换	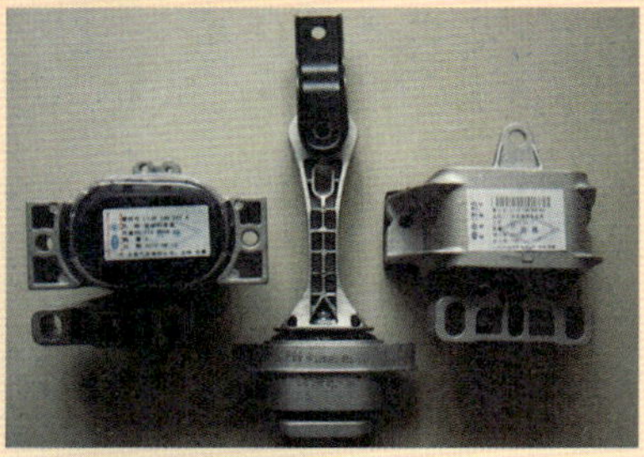
18	火花塞	火花塞俗称火嘴。火花塞直接影响发动机的加速性能，如长时间缺乏保养甚至没按时更换火花塞，将影响火花塞点火性能，严重时将会导致发动机气缸工作失常	
19	机油滤清器	机油滤清器俗称机油格，用于去除机油中的灰尘、金属颗粒、积炭和煤烟颗粒等杂质，保护发动机。机油滤清器应在每行驶5000km后与机油同时进行更换	
20	汽油滤清器	汽油滤清器的作用是过滤汽油中的水分和杂质，以保证油路通畅，发动机工作正常。由于汽油滤清器是一次性使用，每隔一定周期需进行更换，具体参见“汽车的保养周期”	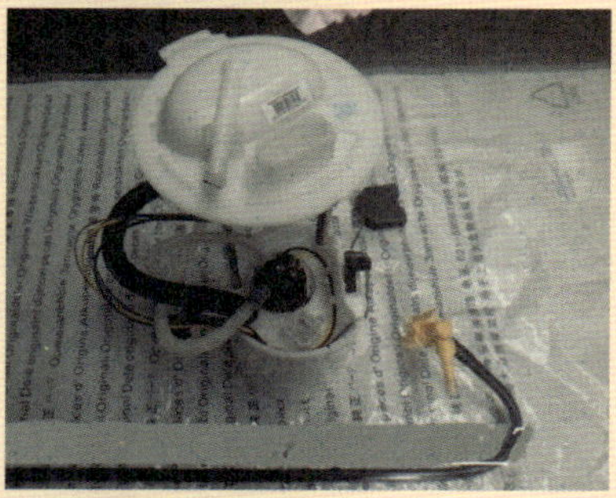
21	空气滤清器	空气滤清器的主要作用是阻隔发动机在进气过程中吸入的粉尘和颗粒，若滤网长期得不到清洁和更换，就无法将灰尘和异物拒之门外。若发动机内吸入了灰尘，会造成气缸壁非正常磨损。因此空气滤清器最好每行驶5000km清洁一次，用压缩空气吹净即可。空气滤清器更换周期参见“汽车的保养周期”	

（续）

序 号	易耗件种类	作 用	图 示
22	空调滤清器	空调滤清器俗称花粉滤清器，用于过滤从外界进入车室内部的空气。空调滤清器也要定期更换，当使用空调时有异味产生或从出风口吹出大量灰尘时就要进行清洁保养和更换，更换周期参见“汽车的保养周期”	
23	传动带	传动带是汽车的一个动力传动部件，它用来连接发动机曲轴带轮，向发电机、助力泵、空调压缩机提供动力，更换周期参见“汽车的保养周期”	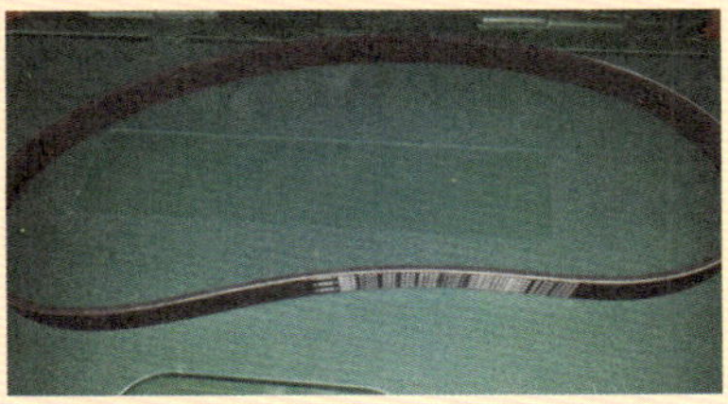
24	正时带	正时带的主要成分是橡胶，如果未按规定时间更换，老化后会出现传动机构损坏，严重时，可能会使发动机报废。正时带一般在60000～80000km时更换。如果车辆装配的是正时链条，更换周期参见“汽车的保养周期”	

二、汽车的保养周期和项目

汽车的保养周期和项目在车主保养手册上都有明确的规定，作为一名私家车主或驾驶人了解汽车保养周期和项目非常重要，可依此合理安排汽车保养时间，从而确保汽车的正常使用。

Tips 注 意

以下保养周期和项目主要针对大部分车型，供学习参考。如果与车主保养手册有矛盾，应以车主保养手册为准。

周 期	保养项目	图 示
每3个月	1）检查汽车所有液位与油液情况 2）检查空气滤清器 3）检查前部与后部制动器情况 4）检查制动软管与管路的情况 5）检查驻车制动器的调整情况 6）检查防护套是否损坏，是否泄漏润滑脂 7）检查底盘螺栓是否松动 8）检查所有防尘罩是否老化或损坏 9）检查排气管与消声器是否损坏、泄漏与紧固	

（续）

周　期	保养项目	图　示
每3个月	10）检查燃油管路是否连接松弛、开裂与老化 11）检查车身外部的油漆与面板腐蚀情况 12）检查车身底盘的腐蚀情况 13）检查轮胎状态 14）检查传动带	 
每6个月	每6个月的保养内容，除前面“每3个月的保养内容”外，还包括如下内容： 1）更换发动机机油与机油滤油器 2）按规定进行轮胎换位 3）按规定检查制动摩擦片及制动蹄	
每年	每年的保养内容，除前面“每6个月的保养内容”外，还包括如下内容： 1）更换空气滤清器 2）更换空调滤清器 3）更换燃油滤清器（燃油滤清器外置的车型）	

（续）

周　期	保养项目	图　示
每2年	每2年的保养内容，除前面“每年的保养内容”外，还包括如下内容： 1）检查气门间隙 2）更换发动机冷却液 3）更换风窗玻璃刮水片 4）更换燃油滤清器（燃油滤清器内置的车型）	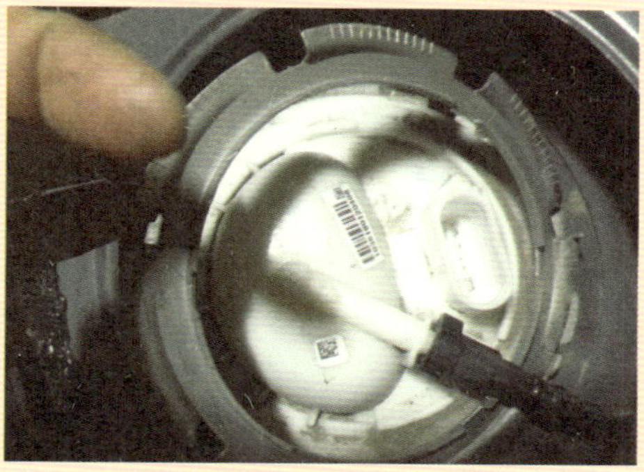
每3年	每3年的保养内容，除前面“每2年的保养内容”外，还包括如下内容： 1）更换蓄电池 2）更换传动带 3）更换动力转向油 4）更换制动液	

三、修车省钱的方法

在日常生活中经常能听到车主们对于汽车保养费用昂贵的抱怨，下面教你几招修车省钱的方法。

方　法	内　容	图　示
1）简单的保养项目自己动手操作	可自己动手操作一些简单的保养项目，如更换风窗玻璃清洗液、检测胎压、更换刮水片、更换空调滤清器、更换空气滤清器等项目，具体参见第三~六章的介绍	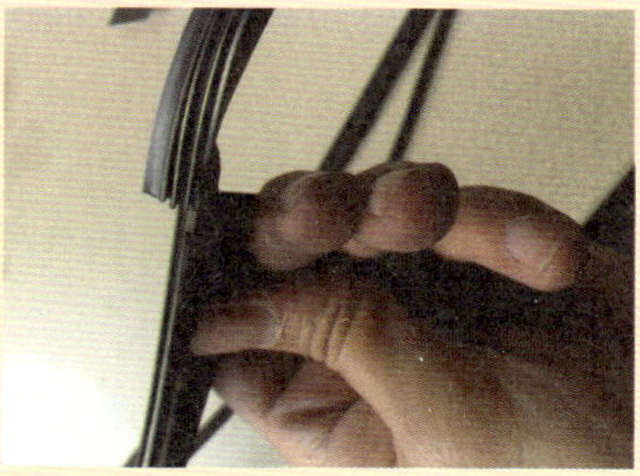

（续）

方　法	内　容	图　示
2）利用4S店免费检测机会	车主可以利用4S店免费检测活动对汽车全面体检，及时发现一些潜在的故障，并将这些故障隐患消除，省去了将来的高额维修保养费用	
3）自购配件	相同配件在4S店或汽车维修厂往往价格相对汽车配件市场要高，但是在购买之前，一定要确定配件符合更换的需要。此外，建议到正规汽配城或者信誉好的汽配店购买，参见后面“配件的鉴别方法”	
4）合理确定保养周期	汽车保养周期是指汽车保养的间隔里程或时间。在决定汽车保养周期时，应参照保养手册推荐的保养周期，结合汽车自身的技术状况和实际使用条件，对保养周期做适当的调整。一般技术状况良好的新车，在良好的运行条件下使用，可适当延长保养周期；而汽车技术状况较差，或运行条件恶劣时，则应适当缩短保养周期	
5）到熟悉的维修厂维修	在汽车保修期内，车主一定要在4S店做维修保养，如果保修期内不在厂家指定的地点保养维修，汽车遭受损失后经销商不负责。但一旦汽车过了保修期，车主可以改去自己熟悉或技术较好的维修厂处理一些小毛病，不但材料便宜，工时费也便宜，同样的保养项目，能节省很多费用	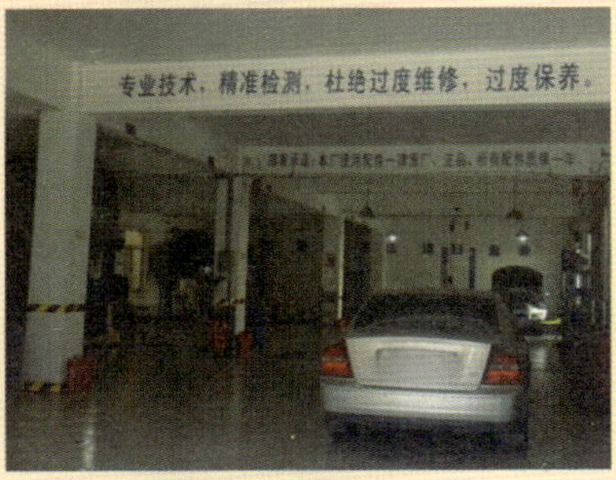
6）正确购买保险	对很多新手而言，除了正常保养外，维修费用也比较高。选择口碑好的保险公司给自己的汽车买个车损险，减少自己的损失，参见第七章“汽车保险的事项”。另外，自己驾驶时一定要小心，避免磕碰	

四、修车行业的秘密

由于汽车由上万个零部件组成，随着使用时间的增长不可能没有故障出现，然而有些故障的解决方法非常简单，而且是可以通过维修就能解决，但是维修厂一般都以更换为主。以下列举一些日常的维修实例，揭露修车行业的秘密，希望对各位车主有所帮助。

(1) 是否需要更换蓄电池

当汽车停放几天后，发动机无法起动，可能原因是蓄电池自放电引起的故障，此时应对蓄电池进行自放电检查。

一般维修人员会将蓄电池负极拆下，将万用表串联在蓄电池电路中，如果是带防盗系统的汽车，万用表显示平均电流值应为 60mA左右，如果出现电流过大，说明蓄电池或电源电路产生漏电。当出现漏电时，应排除漏电故障，然后对蓄电池进行补充充电，不必要破费更换蓄电池。

Tips 注　意

车主不要轻易拆卸蓄电池负极，避免带防盗的音响锁止。

但有些不诚信的维修厂，只要发现蓄电池没有电，都建议车主更换新的蓄电池，然

蓄电池自放电检查

后才给汽车检查是否有漏电情况，这点车主必须特别注意。

如果蓄电池没有漏电，车主也应参照第三章的“蓄电池的保养”对蓄电池进行检查，确定蓄电池已经发生损坏后再更换。

(2) 是否需要更换散热器

如果在维修厂检测到散热器漏水，通常维修厂会要求车主更换新的散热器。如果没有大的破裂，散热器也是可以修理的。车主可以到专修散热器的地方用铝焊或铜焊来修补，仅需要几十元即可修好。

焊补散热器

(3) 是否需要更换发电机

如果在维修厂检测到发电机不能发电或者发电量偏低，维修人员通常让车主更换新

更换电压调节器

的发电机，一般发电机价格为500～1000元（车型不同，价格有所差异）。其实发电机的定子和转子是不容易损坏的，发电机90%的故障为电压调节器或电刷损坏，只要将它们更换即可，也仅需几十元。

(4) 是否需要更换起动机

如果在维修厂检测到起动机损坏，维修人员通常建议更换，一般起动机价格为300～700元（车型不同，价格有所差异）。其实起动机的定子和转子是不容易损坏的，起动机90%的故障为单向离合器或电刷损坏，只要将它们更换即可，仅需不到一百元。

更换单向离合器

(5) 是否需要更换压缩机

汽车空调不工作，在确定制冷剂充足且空调电气系统无故障的前提下，一般都是压缩机有故障。维修人员一般都建议更换新的压缩机，一个新的压缩机一般都要上千元甚至更高。其实压缩机主体是不容易损坏的，90%的故障为电磁离合器或压缩机的泄压阀损坏。此时可以要求维修人员将压缩机传动带拆下，直接给压缩机电磁离合器通12V的蓄电池电源，如果没有反应，说明电磁离合器损坏，只要花一两百元就能修好；如果泄压阀损坏，则将其更换即可。

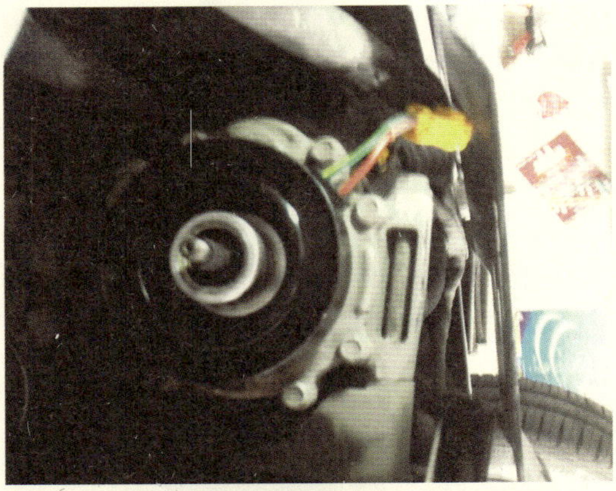

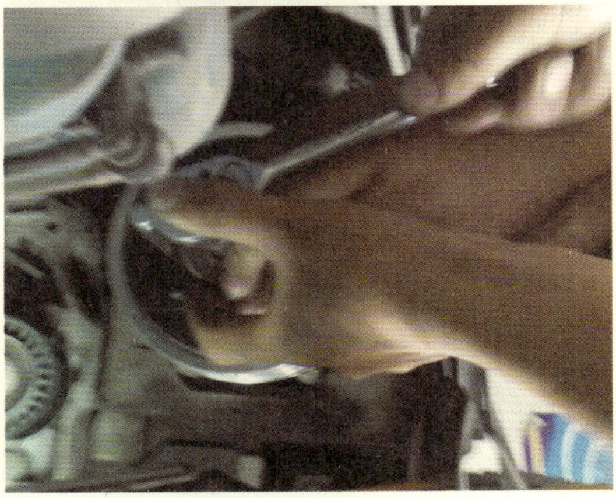

更换电磁离合器

五、修车的陷阱

目前维修市场监管还是存在一些问题，比如某些4S店或维修厂搞免费检测活动，有些维修人员会借机诱使车主进行一些没有必要的维护修理，从而达到赢利的目的。此时车主可到不同的维修站进行咨询，或找懂行的朋友或信任的维修师傅了解一下，避免修车陷阱。

此外，如果确定自己被诱使（欺诈）维修，一定保留好修车的发票等证据，以便维权时使用。黑维修厂或维修店主要表现如下：

1）测量工具不准确，故意显示错误的

检测结果给车主看，从而造成故障的假象，诱使车主进行维修。

2）将小故障说成大问题，故障扩大化。

3）对车主进行心理恐吓，比如这车不修将会导致更大的故障，发动机报废等之类的话。

Tips 车主常识

1）车主要主动学习汽车知识，才能在出现问题时有一定的应对策略。

2）如果维修项目较大，配件价格、工时费也会相对较高，最好进行维修费用的询价比较，分别选择2~3家维修厂对维修项目进行费用预估。最后选择对维修项目描述准确、维修费用预估合理、管理规范的维修厂。

六、配件的鉴别方法

购买汽车配件，特别是涉及安全的转向、制动、轮胎等配件，一定要到正规的汽配店购买。在小型的路边店购买配件要谨慎。鉴别汽车配件是否为假冒伪劣产品的方法如下。

(1) 看配件商标标识是否齐全

正品汽车配件的外包装质量好，包装盒上字迹清晰，套印色彩鲜明，包装盒或袋上均标有产品名称、规格型号、数量、注册商标、厂名厂址及电话号码等。一些重要部件还配有使用说明书、合格证和检验员章，以指导车主正确使用维护。选购时应仔细认清，以防买了假冒伪劣的配件。

(2) 看配件外表

正品配件（原厂配件）外表印字或铸字及标记清晰正规，而假冒产品外观粗糙，甚至刷上油漆。因为不法商人会将废旧配件经简单加工，如拆、装、拼、凑、刷漆等处理，再冒充合格品出售以获取高额利润。

(3) 看配件规格

原厂的总成部件齐全完好，而一些假冒伪劣配件外观与正品相差无几，但装上去就是不太合适，会出现要么大点要么小点的情况。

(4) 看防护层

正规的配件在出厂之前都有防护层，主要防止零件磕碰，如缸套、大小轴瓦、活塞、气门等一般都用石蜡保护，以免其表面损坏。重要的配件表面如果无防护层，多为假冒产品。

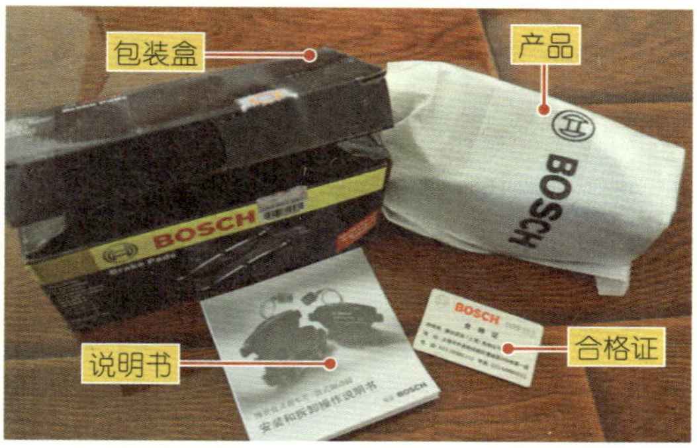

正规的配件

Tips 车主常识

所谓正厂配件，就是汽车厂家授权其配件供应商生产的配件。配件供应商除了为汽车厂家生产授权的正厂配件外，还会生产同型号的普通配件，也就是常说的副厂配件。而由同一个厂家生产出来的正厂配件和副厂配件，质量上的差距其实很小，有的根本没有差距。但是假冒产品与正厂配件的差距还是比较大的，车主应懂得区分。

第三章　汽车发动机的养护

发动机是汽车的心脏，发动机如果没保养好，则会影响到汽车的使用寿命，所以私家车主平时要注重保养发动机。保养发动机最重要的原则当然是让它保持清洁干净，使其得到最有效的润滑和冷却，这样不仅能延长发动机寿命，还能节省燃油。

本章重点是教会感兴趣的车主自己动手完成一些简单的发动机保养项目，从而节约用车费用。如果自己无法解决的应及时到4S店或维修厂进行维修。

一、发动机外表保养

汽车在行驶过程中卷起的风沙尘土从发动机室下部钻入，飞落于发动机表面；加之发动机长时间在高温下工作，有时还有漏油等现象发生，导致发动机外表不可避免地附着各种油脂、灰尘、沙粒等，形成难以处理的油垢。如果长时间不对发动机外表进行保养，就会使发动机表面形成厚厚的油泥性腐蚀物，时间一长这些腐蚀物将渗透于发动机表面各部件，造成金属部件生锈、塑料部件老化变形，同时影响发动机自身的散热效果，影响其正常工作。因此，发动机外表的养护是汽车保养中也是非常重要而又不可缺少的项目。

1. 准备常用的工具和材料

常用的工具和材料也较为简单，4S店及美容店主要有空气压缩机、高压洗车机、毛巾、海绵和毛刷、发动机外部清洗剂、蓄电池清洗剂、蓄电池接线桩头保护剂、橡胶清洁剂和保护剂、清洁除锈剂等；而私家车主如果选择自己保养时，可以选择喷雾水壶、海绵和各种毛刷等简单的工具，然后购买发动机外部清洗剂及发动机线路保护剂等即可自己进行保养。

发动机外部清洗剂及保护剂

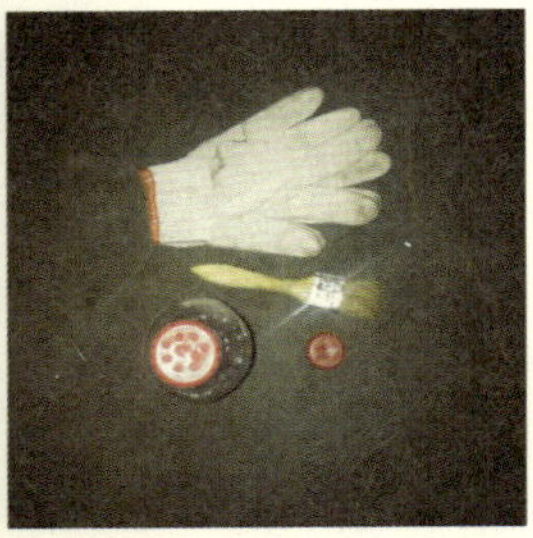

毛刷及手套

2. 发动机外表保养方法

一般6个月到1年之间进行一次发动机外表保养，发动机外表保养方法如下。

1）有条件的车主可以使用低压散水水枪由发动机侧面按从上到下的顺序将发动机室内侧及发动机外表的附着污物冲净。

冲洗发动机室内侧

Tips 注 意

小心不要将水冲进入电器或线束插接器内，否则将使汽车难以起动，必要时将汽车电器用塑料薄膜遮罩，然后用半湿性毛巾压盖于薄膜上侧再喷水。

2）直接将发动机外部清洗剂均匀喷洒于淋湿后的发动机外表及发动机室周边。

喷洒发动机外部清洗剂

3）用纤维毛刷或海绵清洗发动机室内及周边所能触及到的所有部件。

刷清发动机室内及周边

4）用低压散水水枪冲净刷洗掉的污物。

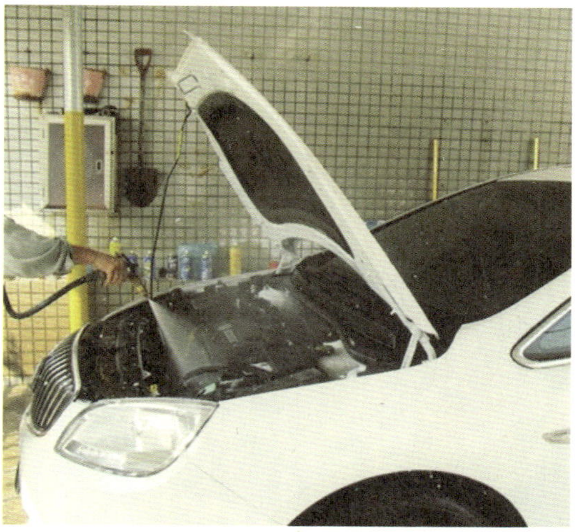

再次冲洗发动机室内侧

5）如果有条件的车主可以用风枪将发动机舱的水分吹干，也可以用棉毛巾擦干。

用风枪吹干

用棉毛巾擦干

6）用发动机保护剂对发动机室内侧的塑料橡胶部件进行均匀喷洒。

喷洒发动机保护剂

7）发动机外表清洁干净后，发动机清爽亮丽，并且发动机散热效果较好。

发动机外表清洁干净的效果

二、燃油供给系统的基础常识

1. 燃油供给系统结构与原理

燃油供给系统的作用是向发动机供给各种工况下所需要的燃油量。燃油供给系统主要由燃油箱、燃油泵、燃油压力调节器、燃油滤清器、燃油表液位传感器、喷油器、燃油分配管等组成。

燃油经过燃油滤清器过滤杂质后，由燃油泵加压并通过燃油压力调节器调整至合适的压力，最后经燃油管路送至燃油分配管，最终到达喷油器。喷油器由发动机ECU控制，定时定量喷射雾状的燃油，与进气系统的空气混合后进入气缸燃烧。

2. 燃油供给系统保养常用的材料

(1) 燃油系统清洗剂

燃油系统清洗剂能够彻底清除燃油系统的沉积物，消除发动机怠速不稳、加速不良、发动机无力等现象。

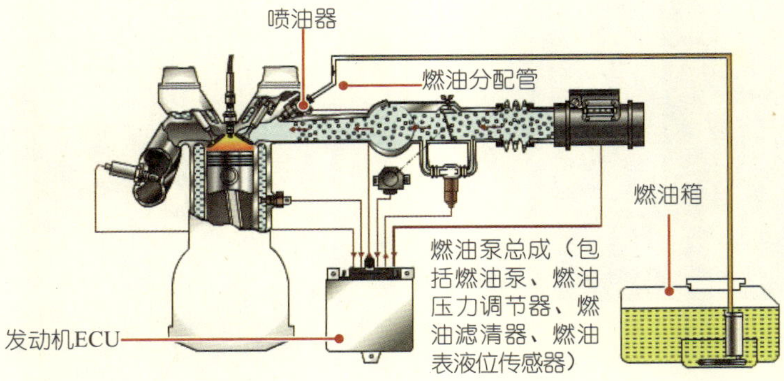

燃油供给系统结构与原理

(2) 汽油添加剂

汽油添加剂能够提高发动机抗爆燃性能，提高发动机动力性能，以达到节约燃油、降低排污等功效。使用时直接将汽油添加剂加入燃油箱即可。

燃油系统清洗剂

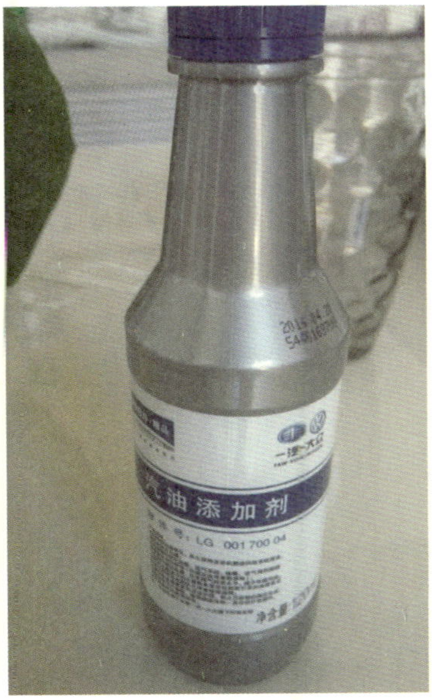

汽油添加剂

(3) 进气歧管清洗剂

进气歧管清洗剂能够彻底去除进气歧管、进气门及燃烧室内的积炭，消除发动机无力及耗油异常等现象。

进气歧管清洗剂

(4) 喷油器清洗剂

喷油器（俗称喷油嘴）清洗剂可清除喷油器、燃油导轨、燃烧室、活塞顶部等处的胶质和积炭，快速消除发动机怠速不稳、加速不良、喘抖等故障，恢复发动机的动力性能。

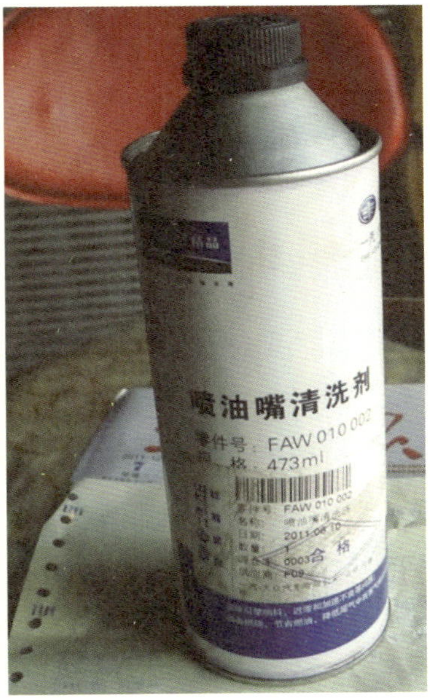

喷油器清洗剂

(5) 节气门清洗剂

节气门清洗剂能够彻底去节气门内的积炭，有效改善发动机怠速不稳及加速不良等异常情况。

节气门清洗剂

三、更换燃油滤清器

一般内置式燃油滤清器的更换周期为40000～80000km，外置式燃油滤清器的更换周期为20000km左右，但不同车型之间的保养周期可能会有略微的差异，应以车主保养手册规定的为准。

1. 燃油滤清器的位置

燃油滤清器的位置主要有两种，一种是外置式燃油滤清器，安装在底盘上；另一种是内置式燃油滤清器，集成于燃油泵总成中。

2. 更换燃油滤清器

更换燃油滤清器的操作较难，一般均选择在维修厂或4S店进行更换，车主只作为常识了解即可。

外置式燃油滤清器位置

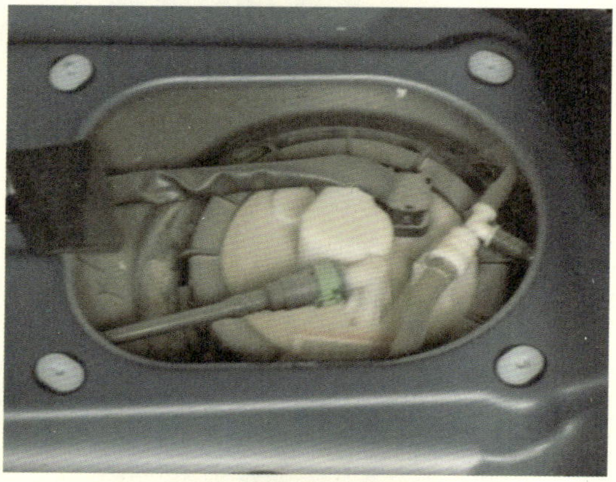
内置式燃油滤清器位置

1）选择与原车同型号的燃油滤清器。

2）将汽车停放在安全的位置或指定的维修工位。

3）起动发动机，并在发动机运转时取下燃油泵继电器或拔下燃油泵熔丝，然后让发动机自动熄火。再次接通点火开关“起动”档2～3次，将燃油压力全部泄掉，最后断开点火开关，装回燃油泵继电器或燃油泵熔丝。

4）确定已关闭点火开关，然后拆下后排座椅座垫，找到燃油滤清器的安装位置。

找到燃油滤清器的安装位置

5）拆卸燃油滤清器。

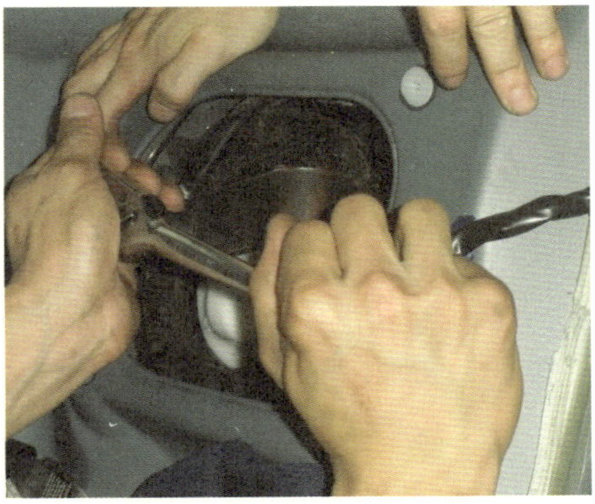

拆卸燃油滤清器

6）从燃油箱内取出燃油滤清器总成。

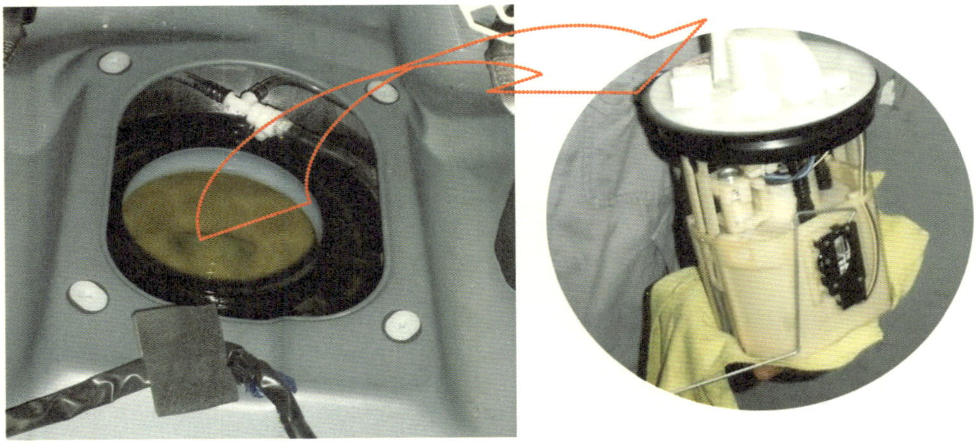

燃油滤清器总成

7）更换新的燃油滤清器。

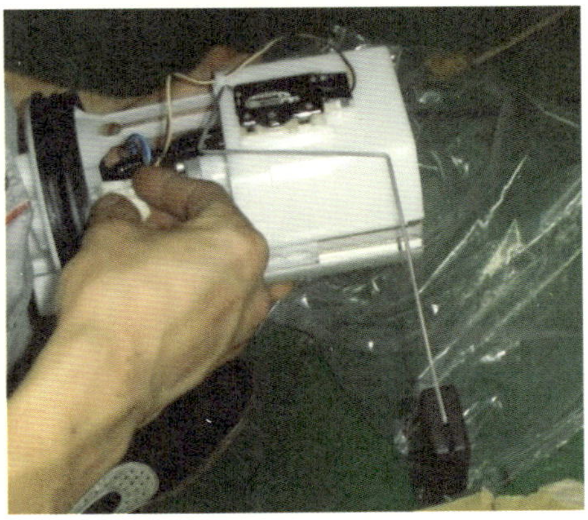

更换新的燃油滤清器

8）按照与拆卸相反的顺序安装好燃油滤清器总成。

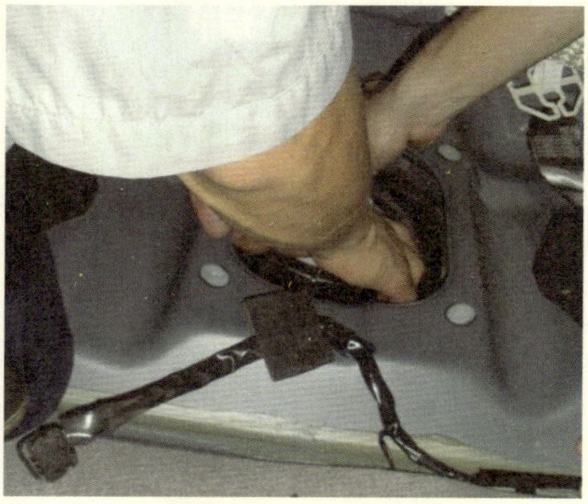

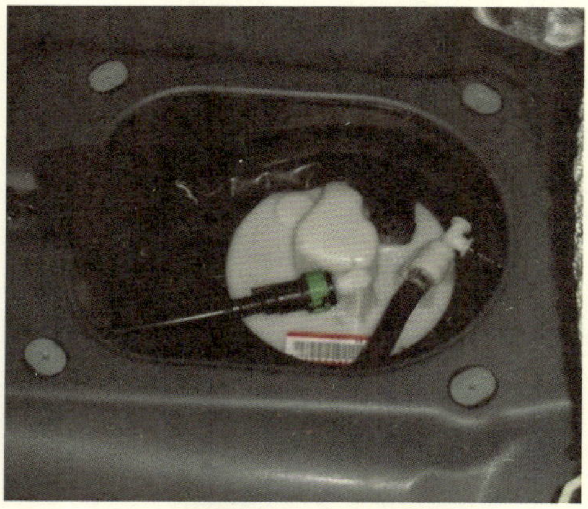

安装好燃油滤清器总成

9）确保燃油供给系统无泄漏，发动机正常工作即可。

四、清洗喷油器

当燃油中的杂质堵塞喷油孔，或者喷油器喷口被长期形成的胶质物堵塞时，就会影响喷油器的正常工作，导致发动机怠速不稳、起动困难、动力不足甚至熄火等多种故障，为保证发动机正常工作，应定期（视发动机的工作情况而定）对喷油器进行清洗保养。清洗喷油器属于专业性很强的操作，建议车主到4S店进行此项保养。

1）从发动机上拆下喷油器。

从发动机上拆下的喷油器

2）使用超声波清洗仪对喷油器进行清洗。

用超声波清洗仪清洗喷油器

3）清洗过后的喷油器比较干净。

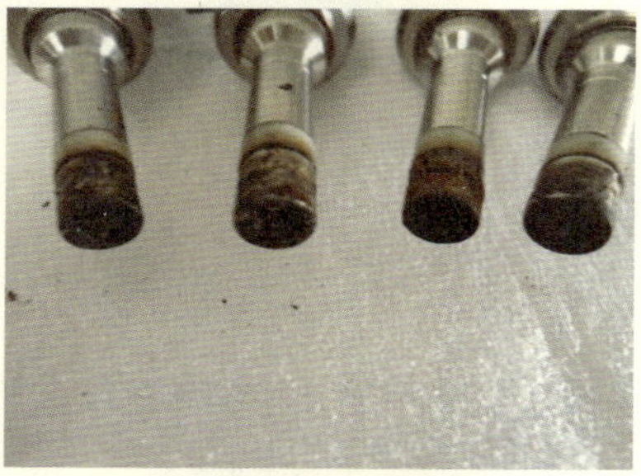

清洗前的喷油器

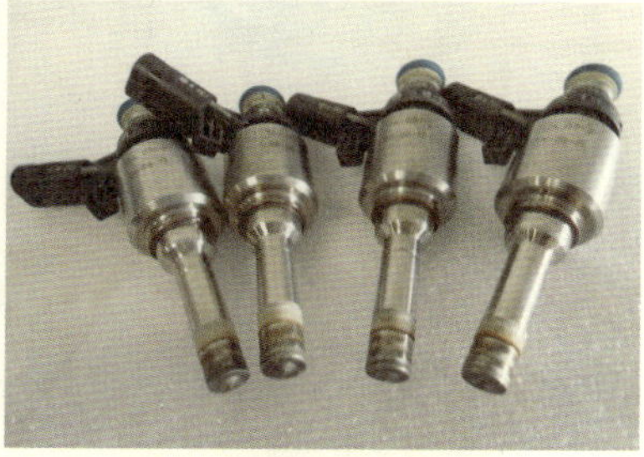

清洗后的喷油器

4）按照与拆卸相反的顺序将喷油器安装到发动机上，确保发动机加速正常即可。

五、清洗节气门体

节气门体上的节气门经常附着一层厚厚的积炭，随着发动机工作时间的加长，积累的积炭越来越多，到一定的程度时就会直接影响到发动机怠速，导致发动机怠速不稳，同时也会出现异常耗油的情况。因此，需要定期清洗节气门体。

清洗节气门体需要专用设备进行匹配，不建议车主自己清洗，但是车主也应该知道清洗节气门体的规定，避免维修厂无故要求清洗节气门体而增加保养费用。

节气门积炭

1. 清洗节气门体的规定

除了出现发动机怠速不稳时需要清洗节气门外，未出现故障前也必须定期进行清洗，如果所在的使用环境比较恶劣，尘土较多，建议每20000km清洗一次；使用环境比较清洁的地区，可以每30000～40000km清洗一次。

喷洗节气门体

2. 节气门体的清洗过程

1）将发动机暖机后熄火，拆卸节气门体，检查节气门体表面有无损伤。

2）堵住节气门体旁通道口，不要让节气门清洗剂进入到旁通道、节气门体电动机及传感器内。

3）用节气门清洗剂喷洗节气门体。

4）用干净的抹布将节气门体擦拭干净，确保节气门体内无积炭及油泥。

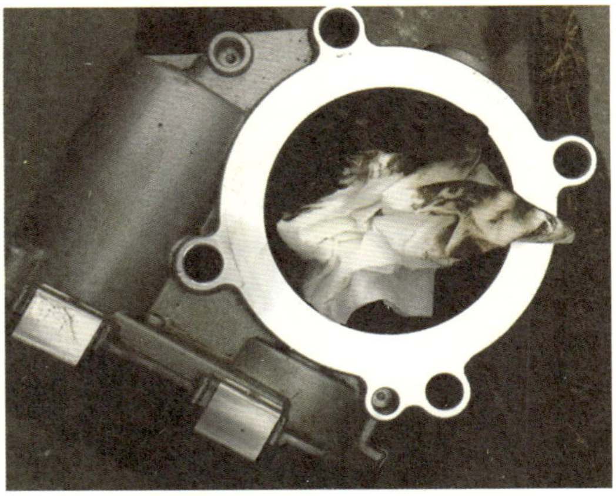

擦拭干净节气门体内的积炭

5）重新安装节气门体、空气旁通道口、进气软管等。

重新安装节气门体

6）起动发动机，使发动机怠速状态下运转1min左右，然后观察发动机的怠速情况，如有必要则按照规定对节气门体进行匹配。

对节气门体进行匹配

六、润滑系统的基础常识

发动机内部有许多相互摩擦运动的零件，如曲轴主轴颈与主轴承、凸轮轴颈与凸轮轴承、活塞、活塞环与气缸壁面等，这些部件运动速度快，工作环境恶劣，它们之间需要有适当的润滑，才能降低磨损，延长发动机的寿命。润滑系统不仅能对发动机内的运动零件进行润滑，还能起到冷却、密封、防锈等作用。

1. 润滑系统结构及工作原理

润滑系统就是为发动机提供润滑的各种部件和润滑油（俗称机油）的总称，它一般由机油泵、油底壳、机油滤清器、机油集滤器、油管、发动机机体上的油道等构成。工作时，发动机机油经机油泵加压后，经过机油滤清器过滤，进入曲轴和缸体的主油道，并分配到各个油孔，发动机机油流经缸体完成润滑后，重新返回至油底壳。

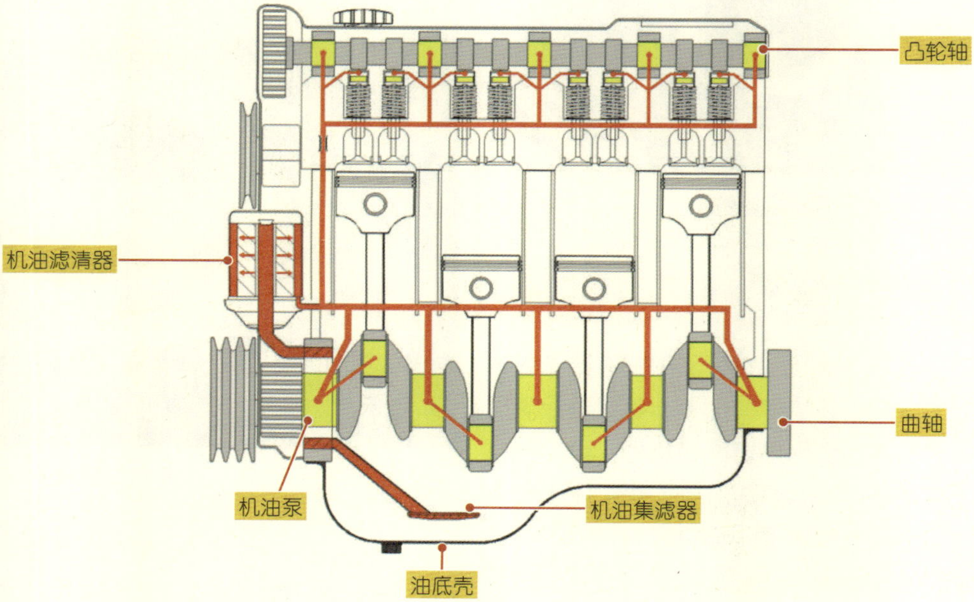

润滑系统结构

2. 润滑系统保养常用耗材

(1) 机油滤清器

机油滤清器（俗称机油格）用于去除机油中的灰尘、金属颗粒、积炭和煤烟颗粒等杂质，以确保润滑油道畅通，从而润滑发动机的运动零件。不同品牌、不同车型的机油滤清器结构有所差异，使用时必须选择符合自己车型的机油滤清器。

a）外形

b）内部结构

机油滤清器

(2) 机油

机油的正规厂商一定会在产品外包装显著位置注明机油牌号，牌号由一组数字及英文字母共同构成，如：SJ 5W/40、SM 5W/40等。牌号前面的字母部分如SJ、SM代表汽油机润滑油的质量等级，后面的数字部分5W/40代表机油的黏度等级。根据世界通行的美国石油学会SPI的分类，将汽油机机油分为SA、SB、SC、SD、SF、SG、SH、SJ、SM、SN等多个等级。质量按字母顺序依次提高，目前SN级机油是级别最高、质量最好的全合成汽油机润滑油，但是价格比较贵。使用时要根据车型选择合适的机油等级，从而达到最佳的润滑效果。

机油牌号

(3) 润滑系统清洗剂

润滑系统清洁剂的使用方法：添加在发动机机油中，然后让发动机怠速运转10min左右，最后将发动机机油及油泥排干净后添加新的发动机机油即可。它的作用主要是快速清洁润滑油路，减小活塞环与气缸壁之间的摩擦，有效降低发动机噪声和油耗。

(4) 润滑系统保护剂

润滑系统保护剂可以减少发动机内部零部件的摩擦，减少故障并且具有紧急润滑发动机零部件的特点。在更换发动机机油后，将润滑系统保护剂直接加入发动机机油中即可。

润滑系统清洗剂及保护剂

七、更换机油和机油滤清器

在汽车行驶一定里程或一段时间后（一般5000km或3个月），车主就必须为汽车更换机油和机油滤清器。更换机油和机油滤清器的方法非常简单，车主可以自己更换，但是更换之前必须查阅车主保养手册，懂得有关安全注意事项。

1. 准备工具和材料

车主自己更换时需要准备一个漏斗、盆或塑料桶之类的容器、机油、机油滤清器专用扳手、一些抹布或废报纸等。

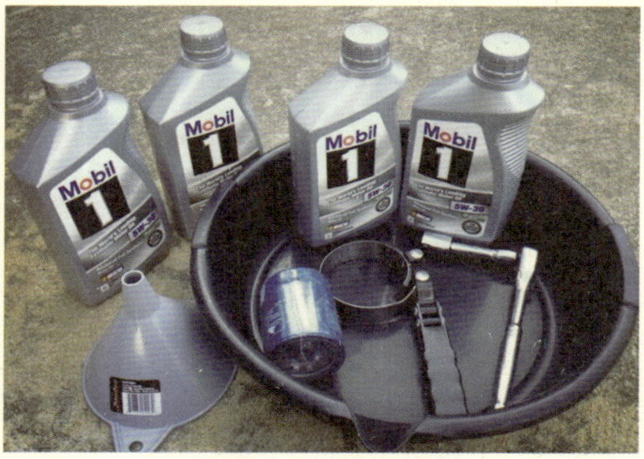

准备工具和材料

2. 更换机油和机油滤清器的步骤

1）在平坦的地面上将汽车停稳，然后用千斤顶、车架凳将汽车安全地顶起。

安全顶起汽车

2）打开发动机盖，然后拧开发动机机油盖，上下通气，便于发动机机油顺畅排出。

拧开发动机机油盖

3）将容器放置在放油螺塞的下方，然后用梅花扳手或套筒将放油螺塞逆时针松开，排放旧机油。

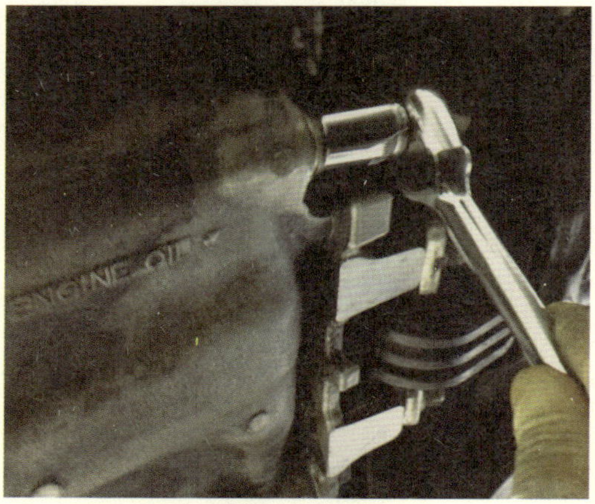

松开放油螺塞

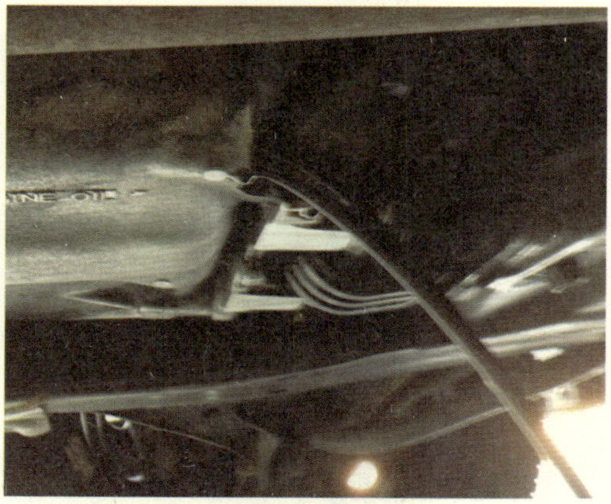

排放旧机油

4）使用机油滤清器专用扳手拧松机油滤清器，然后拧下机油滤清器，但要小心不要让机油烫到手。

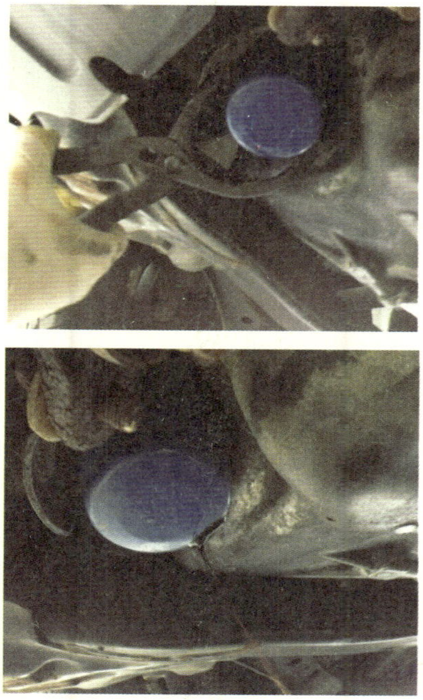

拧松机油滤清器

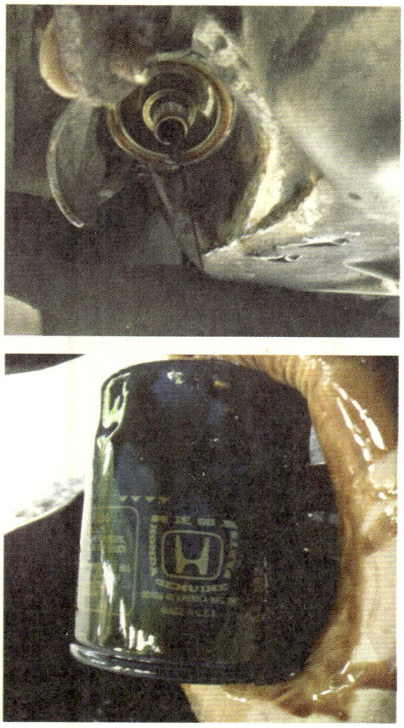

拧下机油滤清器

5）在新的机油滤清器的密封圈上抹上一层清洁的发动机机油，然后安装新的机油滤清器，并按规定力矩拧紧。

润滑机油滤清器的密封圈

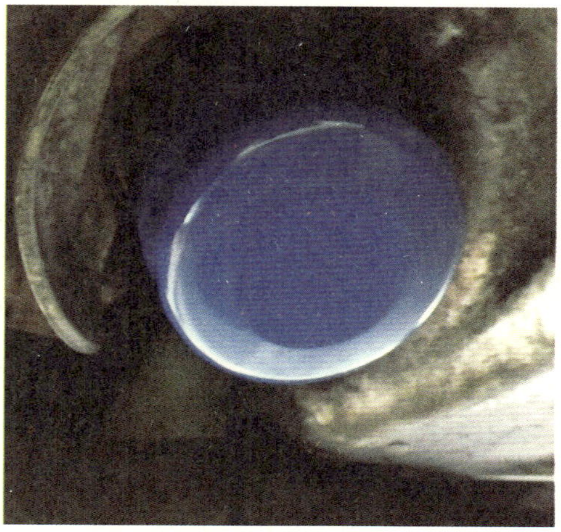

安装机油滤清器

6）拧紧放油螺塞。拧紧时拧紧力要适度，过紧容易损坏放油螺塞及发动机油底壳，太松容易漏油。

7）将漏斗放在机油加注口上，然后小心地注入机油。车型不同加注的数量有所不同，应以车主保养手册的规定为准。

8）降下千斤顶并使汽车处于水平位置，检查发动机机油油位，确保处于标准位置（上下刻度之间）。如果机油量不足，应加注至规定刻度线。

注入机油

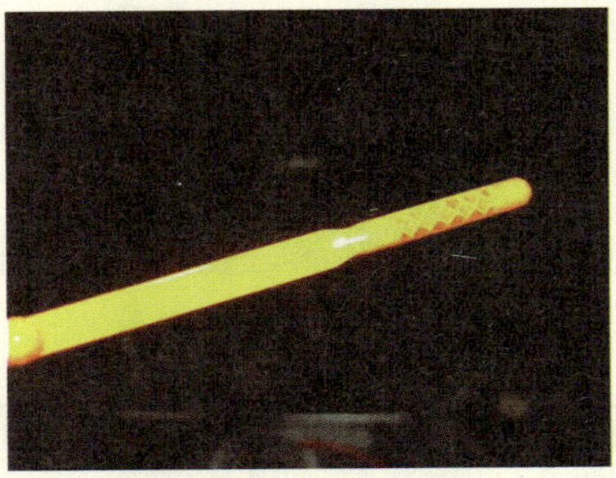

检查机油油位

八、简单清洗润滑系统

简单清洗润滑系统的方法就是在更换机油之前添加润滑系统清洗剂，此操作比较简单，车主可以自己动手完成。如果需要清洗得更加彻底，车主也可以到汽车4S店用专用的润滑系统免拆清洗机进行清洗。

1）打开机油盖，加入润滑系统清洗剂，参见前面“润滑系统保养常用耗材”。

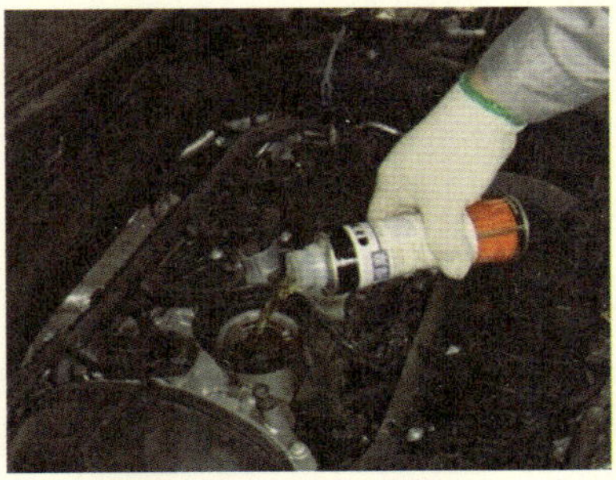

加入润滑系统清洗剂

2）起动发动机，让其热车10min左右。

3）润滑系统清洗剂与机油一起排放干净，然后更换新机油及机油滤清，参见前面“更换机油和机油滤清器”。

4）如有必要则加入润滑系统保护剂。

5）再次起动发动机，目的是让机油能够进入发动机油道。

6）检查发动机机油油位，确保处于标准位置（上下刻度之间）即可。

加入润滑系统保护剂

Tips 车主常识

1）每款车型搭载的发动机，都有其具体的工况要求，在不同环境、不同温度的条件下，需要使用对应的不同等级和黏度的机油。若车主不依照发动机的工况要求使用机油，那么机油不仅不能起到润滑的作用，而且还会形成油泥，最终损坏发动机。

此外，车主不能贪便宜，从网上买来一些低价劣质润滑系统保护剂为汽车加上，这也是一种伤车的行为。这些劣质润滑系统保护剂不仅起不到应有的保护作用，而且特别容易形成油泥，损坏发动机润滑系统。

2）更换发动机机油之前最好对发动机进行润滑系统的简单清洗，可以将机油道内的大部分油泥清洗干净。

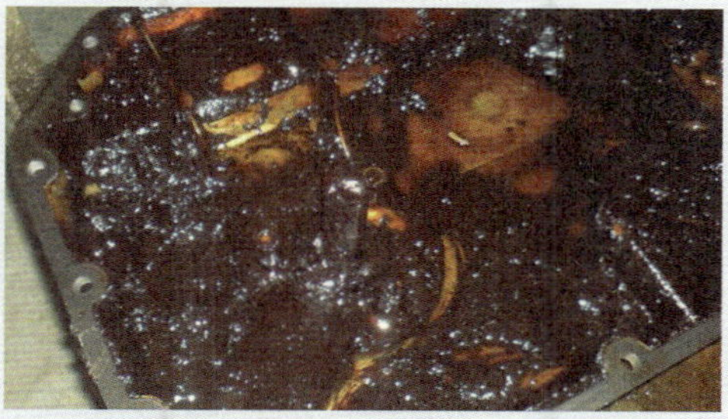

油底壳的发动机油泥

九、冷却系统的基础常识

1. 冷却系统的结构与工作原理

冷却系统由冷却水套（位于气缸体与气缸盖内）、散热器、冷却液泵、节温器（如大众轿车分为节温器1和节温器2）、冷却风扇、连接软管（进水管、出水管）以及其他相关部件组成。冷却系统的布置在不同型号的发动机上有些不同，但其结构和功能基本一致。

以大众轿车为例，发动机里面会有大小两套冷却循环系统，当冷却液温度比较低的时候，由于节温器的控制，冷却液只能在发动机内部循环，这个时候由于活塞的往复运动，会使发动机发热量增大，冷却液温度快速升高，当冷却液温度到了87℃时（不同节温器，这个控制临界温度有差别），节温器打开进入大循环，但是如果冷却液温度继续升高，就可以打开另外一个节温器，使散热增强。其目的是让发动机内部的冷却液温度控制在80～100℃，把发动机温度调至最佳水平。具体的工作原理如下。

1）当冷却液温度低于87℃时，两个节温器均关闭，冷却系统进入小循环模式。冷却液经过冷却液泵驱动，流经气缸盖以及空调暖风芯，缸体中的冷却液不流动，冷却液

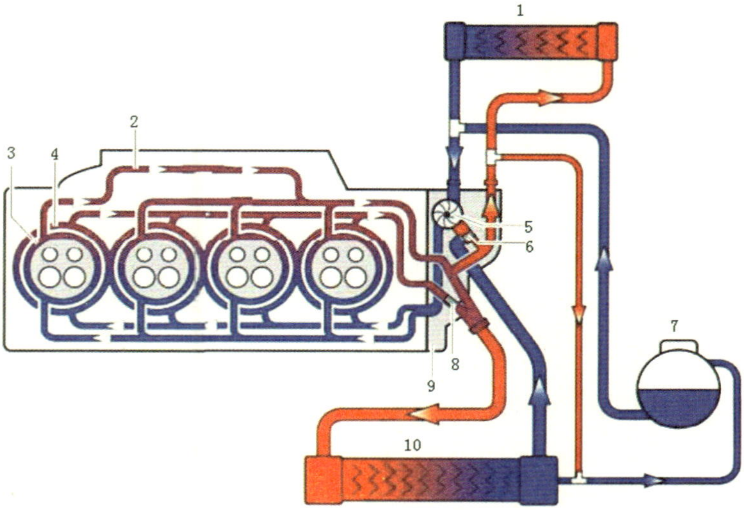

冷却系统结构与原理

1—空调暖风芯　2—排气管冷却水道　3—气缸盖冷却水道　4—气缸体冷却水道　5—冷却液泵　6—节温器1　7—冷却液壶　8—节温器2　9—气缸体　10—散热器

温度迅速升高。

2）当冷却液温度介于87～103℃之间时，节温器1开启，流经缸盖的冷却液除了进入空调暖风芯的部分外，均进入散热器进行大循环，流经气缸体的冷却液仍然不流动。

3）当温度高于103℃时，节温器2也开启，冷却系统进入大循环模式，流经气缸盖和气缸体的冷却液除了进入空调暖风芯部分外，均进入散热器进行散热，冷却能力达到最大。

2. 冷却系统保养常用耗材

(1) 发动机冷却液

发动机冷却液也称防冻液或水箱宝，其主要功能为保护发动机正常良好运行，在发动机内循环，起到防冻、防沸、防锈、防腐蚀等效果，大多数发动机冷却液的颜色为红色或绿色。发动机冷却液的牌号一般为其冰点值，应选择在比当地冬季最低气温低10℃左右为宜。

发动机冷却液

(2) 散热器清洗剂

散热器清洗剂也称水箱清洗剂，它可以有效去除冷却系统中的油脂、胶质层以及散热器、缸套、管道中的水垢和锈蚀。清洗后能提高发动机的散热效果，避免发动机过热现象的出现。

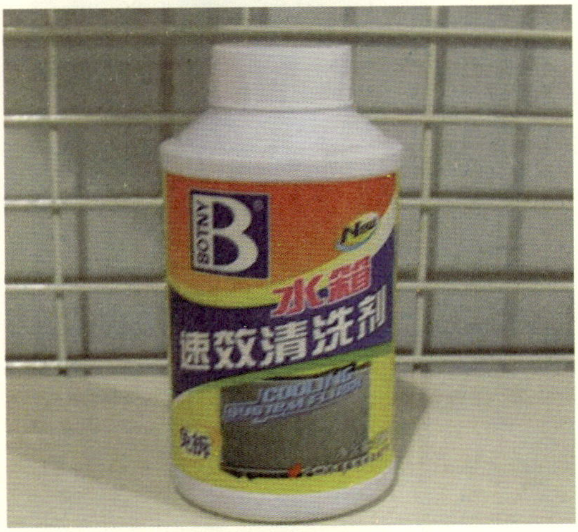

散热器清洗剂

十、简单清洗冷却系统

简单清洗冷却系统的方法就是在更换冷却液之前添加散热器清洗剂，此操作比较简单，而且也可以将发动机冷却水道的大部分污垢清洗干净。车主可以自己简单清洗冷却系统，如果需要清洗得更加彻底，车主也可以到汽车4S店用专用的冷却系统免拆清洗机进行清洗。

1）使用时将散热器清洗剂添加在散热器或者冷却液储液罐中，参见前面“冷却系统保养常用耗材”。

2）起动发动机让其怠速运转10min左右。

3）将发动机冷却液排干净后添加新的发动机冷却液，参见后面的“更换发动机冷却液”。

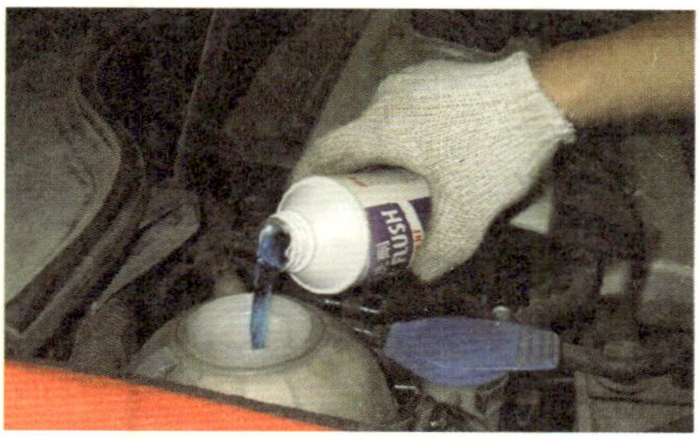

冷却系统的简单清洗

十一、更换发动机冷却液

发动机冷却液在高温状态下长期使用后，必然会变质，从而使其性能下降，因此一般新车使用4年后更换一次发动机冷却液，此后2年或60000km换一次，具体参考车主保养手册的有关规定。

更换发动机冷却液的操作比较简单，车主自己可以更换。下面以速腾轿车为例，介绍发动机冷却液的更换方法及步骤。

1）确定发动机和散热器是冷态，然后拆下冷却液储液罐盖。

2）在散热器出水管下面放置一个大的盆子，然后小心地拆开出水管卡箍，将发动机冷却液排放到盆子中。

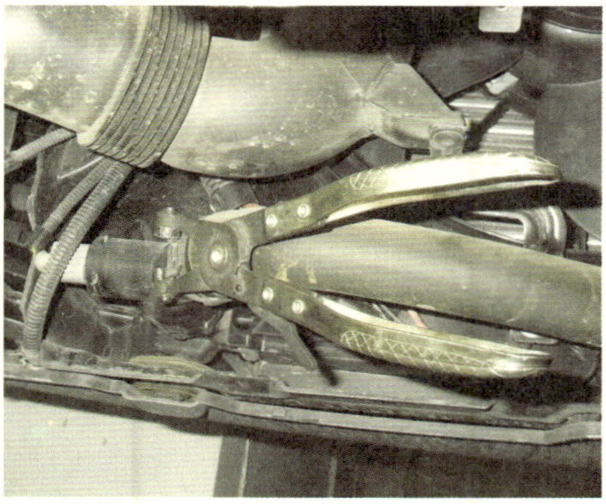

拆开出水管卡箍

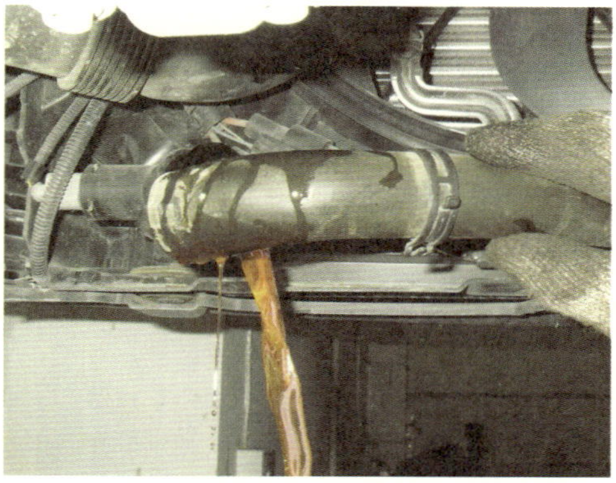

排放发动机冷却液

3）重新接好散热器出水管，然后向冷却液储液罐加注自来水，必要时添加散热器清洗剂进行清洗。

重新接好散热器出水管

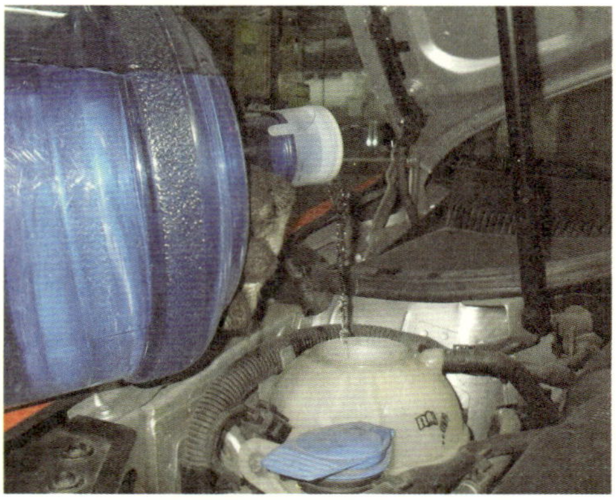

向冷却液储液罐加注自来水

4）起动发动机，然后让其怠速运转10min左右，确保冷却系统无泄漏。

5）重复第2）及3）将发动机冷却系统的液体重新排放干净，再次接好散热器出水管。

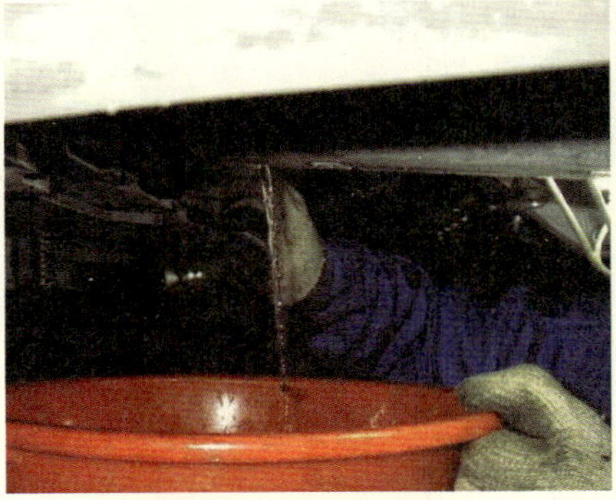

再次排放冷却系统的液体

6）按照规定添加发动机冷却液。

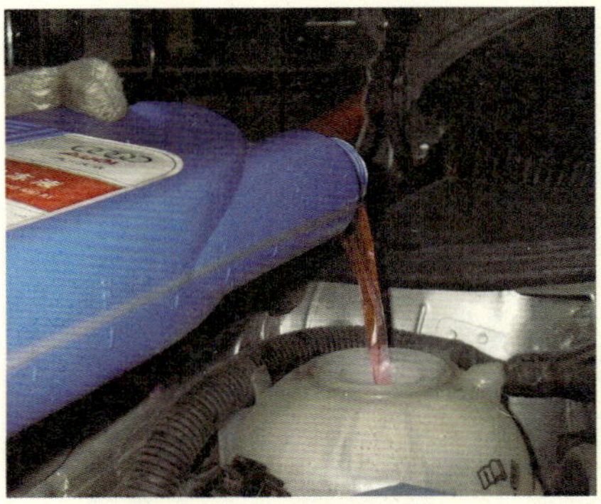

添加发动机冷却液

7）起动发动机并使其怠速运转，直到节温器打开（当感觉两根散热器软管都烫手时，表明节温器已打开），电子风扇运转，而且发动机温度恢复正常。

确保电子风扇运转

发动机温度恢复正常

8）发动机冷却液液位下降后，补充冷却液到MAX位置即可。

补充发动机冷却液

十二、发动机电气系统的基础常识

1. 发动机电气系统的结构

发动机电气系统包括蓄电池、起动机、发电机、火花塞、点火线圈、传感器和发动机控制单元（ECU）等。

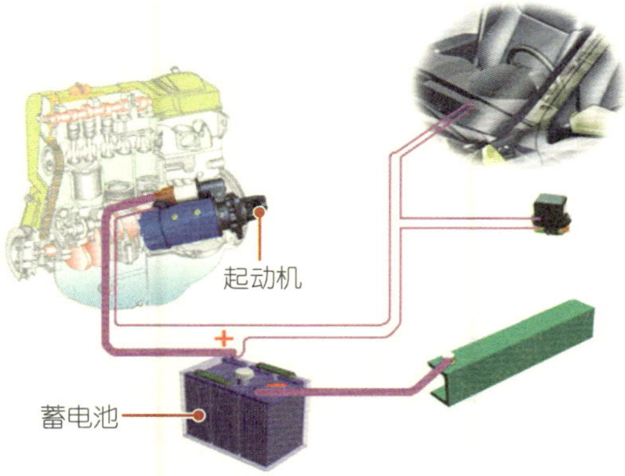

发动机电气系统结构

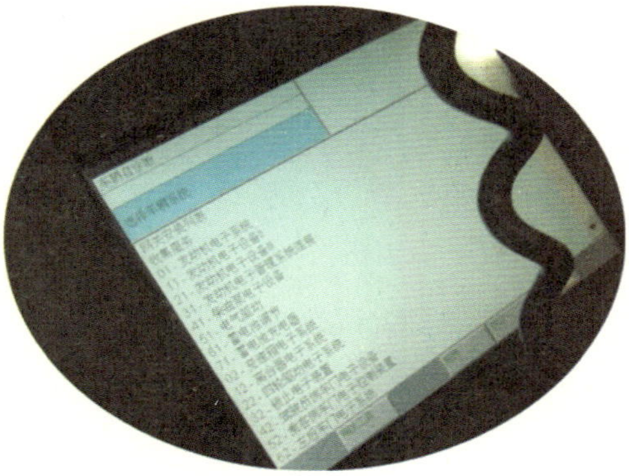
故障诊断界面

2. 发动机电气系统保养常用的设备、工具

(1) 车载诊断电脑

现代汽车都具有电脑诊断功能，使用车载诊断电脑（又称汽车故障诊断仪）不仅能诊断和报告汽车系统内的故障，而且可提高汽车故障诊断的可靠性。由于车载诊断电脑比较昂贵，一般4S店及维修厂才配置，但是车主也必须有所了解。

1）找到汽车上的数据诊断插座（DLC），然后将车载诊断电脑的数据插头插入DLC。DLC大多数位于仪表板下方驾驶人侧，极少数位于发动机舱内。

2）启动车载诊断电脑，然后按照车载诊断电脑的提示进行检测数据、读取故障码等操作。

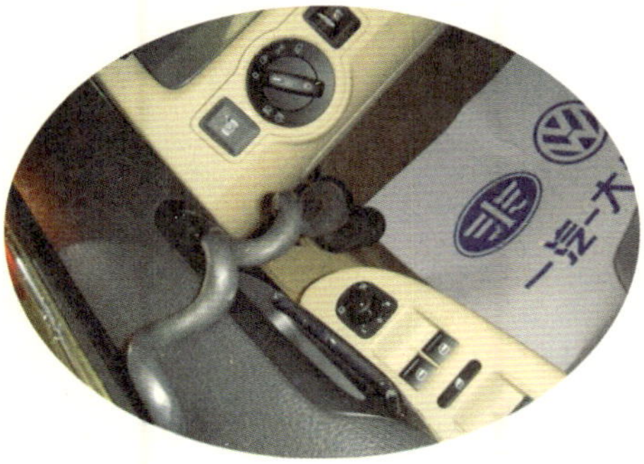
连接DLC诊断插座

(2) 测试灯

1）测试灯是通过发光来识别电路中的断路和短路的工具，它由发光灯、导线、测试端头（探头、探针）及搭铁夹组成。

测试灯

2）使用时，将测试灯一端搭铁，另一端接电气部件电源插头或端子。如发光灯亮，说明电气部件的电源电路无故障；如发光灯不亮，再接去向电源方向的第二个接线点，如发光灯亮，则故障在第一接点与第二接点之间，电路出现的是断路故障。如发光灯仍不亮，则再去接第三接点……直到发光灯亮为止。且故障在最后被测接头与上一个被测接点间的电路上，大多为断路故障。

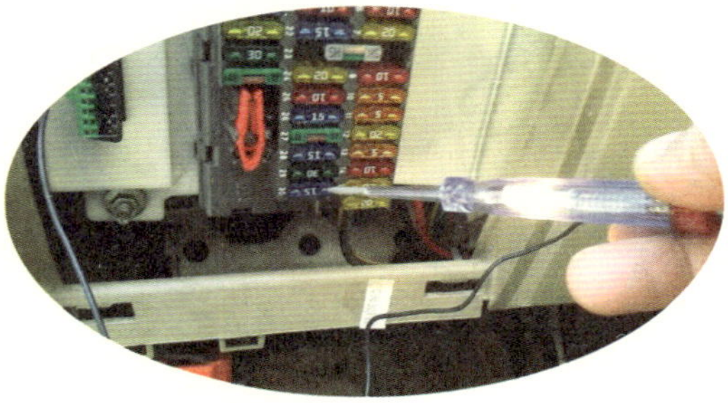
测试灯使用

(3) 数字万用表

数字万用表除可以检测电压、电阻和电流等参数外，还可以检测二极管、晶体管、电容、电感等功能。例如，检测汽车线路的电压按照以下步骤进行：

1）将功能旋钮选择开关旋至“DC / V”区域内恰当的量程档。

2）将红表笔插入“F / V / Ω ”插孔，黑表笔插入“COM”插孔。

3）将电源开关按下，即可测量直流电压。

4）将两表笔与被测线路并联，液晶显示屏将显示被测直流电压值。

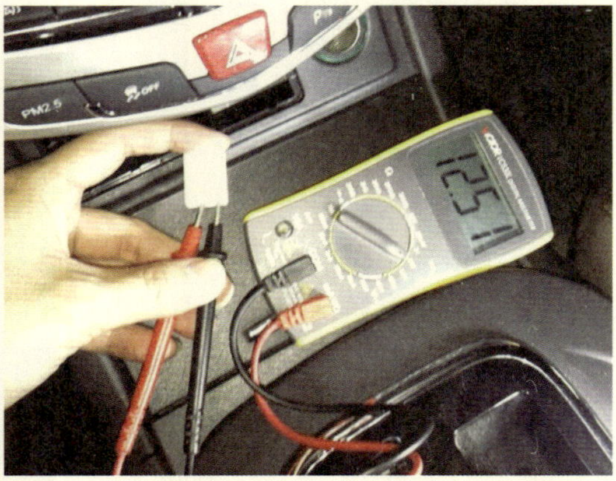

用数字万用表检测汽车线路

3. 发动机电气系统保养常用耗材

(1) 电工胶带

电工胶带专指电工使用的用于防止漏电，起绝缘作用的胶带。它具有良好的绝缘性能，阻燃，耐高电压,耐高温，收缩弹性强，易撕，易卷等性能。使用时，以半重叠方式缠绕，为使绕包均匀和整齐，应施以足够拉力。

电工胶带

(2) 蓄电池专用液

蓄电池专用液（俗称电瓶水）是蓄电池使用的介质(有一定的腐蚀性)，为蓄电池的正常工作提供离子。蓄电池专用液一般在汽车用品店均有销售。

Tips 注 意

免维护蓄电池不需要添加蓄电池专用液，只有干荷蓄电池才需要添加蓄电池专用液。

蓄电池专用液

(3) 润滑脂

润滑脂是人们对常用的钙基润滑脂的简称，它是在液体润滑剂（基础油）中加入稠化剂制成的半流体或固体润滑材料。润滑脂不仅可以润滑零部件，还能起到抗氧化的作用。例如，在蓄电池的接线柱及桩头上涂抹润滑脂可以防止接线柱及桩头氧化。

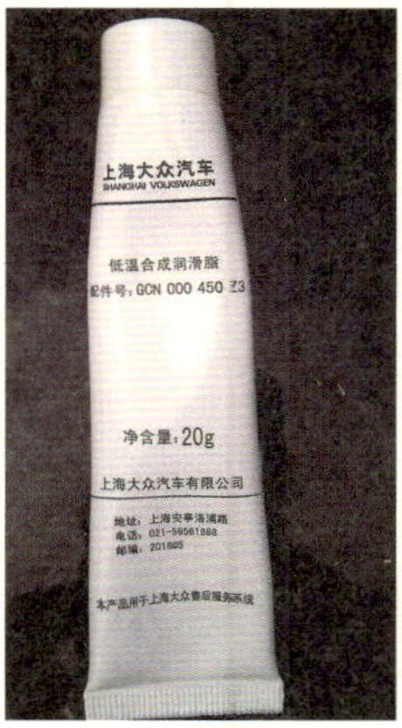

润滑脂

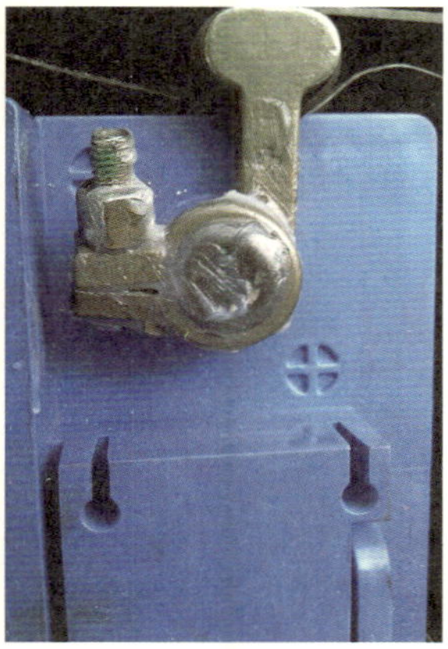
给蓄电池的接线柱涂抹润滑脂

十三、蓄电池保养

1. 蓄电池的位置

汽车蓄电池的位置因车型而异，大部分轿车蓄电池在发动机舱内，但个别在驾驶席座位下（如金杯、五菱、雪铁龙毕加索等），也有些在行李箱下面及行李箱右侧面（如奔驰、宝马、奥迪等）。

2. 蓄电池的检查

(1) 观察蓄电池指示器判断蓄电池的状态

一般指示器呈现绿色时，表明蓄电池正常；指示器呈现黑色时，表明蓄电池需要补充充电；指示器呈现无色透明或浅黄色时，表明蓄电池内部有故障，应更换蓄电池。

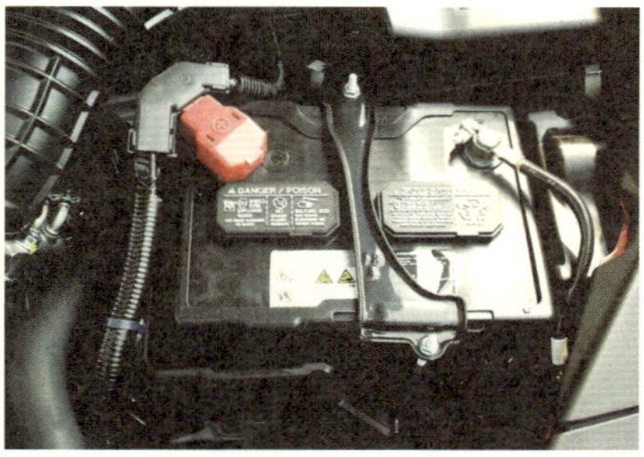
位于发动机舱内

位于驾驶席座位下

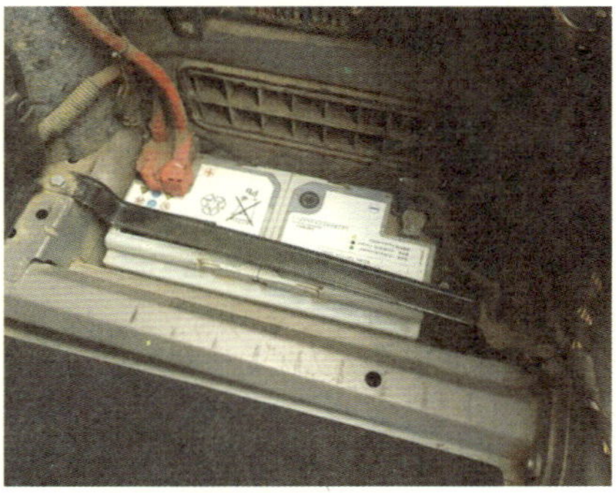
位于行李箱下面

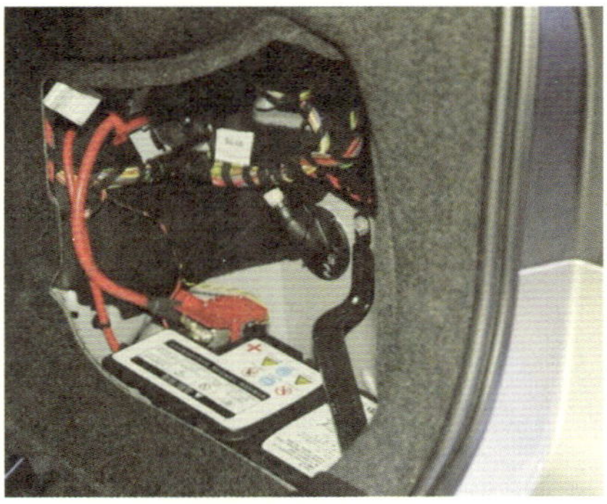
位于行李箱右侧面

有些轿车可以对照蓄电池上的提示标志进行检查，如本田飞度轿车蓄电池的指示器呈现蓝色为蓄电池正常，指示器呈现红色为蓄电池液位过低，指示器呈现白色为蓄电池电量不足。

蓄电池正常

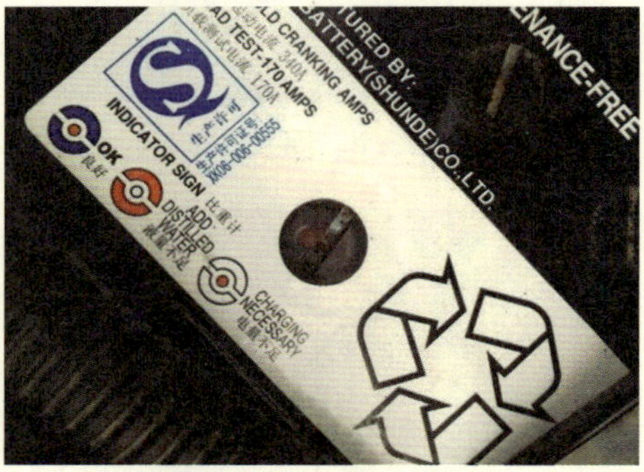

蓄电池电量不足

(2) 使用万用表判断蓄电池的状态

首先把正极表笔（红表笔）连到蓄电池的正极（+）接线柱上，然后把负极表笔（黑表笔）连到蓄电池的负极（-）接线柱上，最后读出显示屏的电压读数。对于12V蓄电池如果电压接近12V表明蓄电池正常，否则应对蓄电池进行充电或更换。

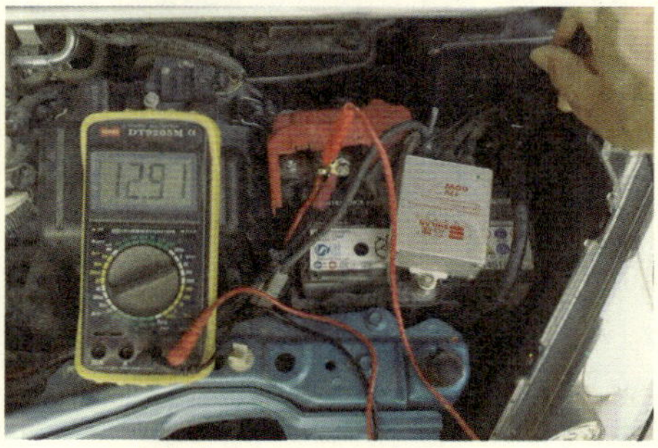

使用万用表判断蓄电池的状态

3. 更换蓄电池

目前轿车的蓄电池大部分为免维护蓄电池，正常情况下的更换周期为3年左右，但是实际的使用寿命取决于蓄电池质量、维护和使用情况。

(1) 购买蓄电池

在更换蓄电池之前，查看车主手册，确定汽车制造商推荐的蓄电池型号。

1）购买蓄电池应在保质期内，应从正规的商家选购。

2）当使用其他蓄电池替代原厂蓄电池时，该蓄电池容量与尺寸要与汽车制造商推荐的一致。

3）确定蓄电池接线柱的位置和旧蓄电池相同。

(2) 拆装蓄电池

更换蓄电池是一项容易操作的工作，但是，如果操作失误也可能造成汽车ECU及线路烧毁。所以在拆装蓄电池之前要查看车主手册说明的注意事项。

1）找到蓄电池的位置，参见前面“蓄电池的位置”。

2）拆下蓄电池夹持器和螺母。

3）从蓄电池负极（-）接线柱上断开黑色电缆，然后断开正极（+）接线柱上的红色电缆。

4）小心拆下蓄电池，并放在地上。

5）检查蓄电池电缆和接头有无磨损或腐蚀，如有损坏则更换相同型号和长度的电缆。

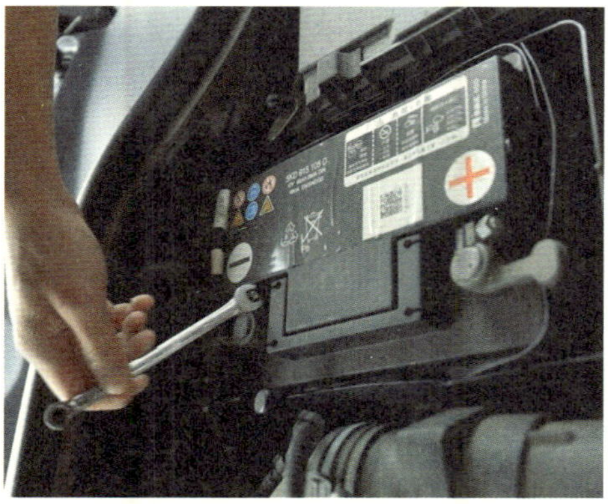

拆卸蓄电池负极的黑色电缆

小心拆下蓄电池

6）用钢丝刷清洁电缆头及新蓄电池的接头，以便接触良好。

7）将蓄电池装入固定的位置中，并连接夹持器和螺母。

将蓄电池装入固定的位置

8）将红色电缆连接到蓄电池正极接线柱，将黑色电缆连接到蓄电池负极接线柱，然后将其拧紧。

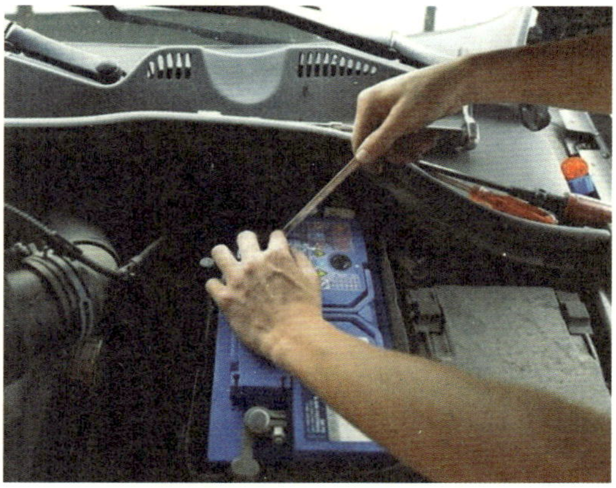

拧紧蓄电池负极的黑色电缆

9）起动发动机，检查蓄电池安装是否成功。

Tips 车主常识

1）安装蓄电池时，正负极一定不能装反，否则轻则会烧坏熔丝盒的熔丝，重则会使汽车ECU烧毁。

2）安装蓄电池时，如果在紧急情况下发现蓄电池的极柱小而夹头大时，可以在夹头内垫上铅皮或铜皮，并且只垫半圈，以防电缆接触不良。

3）车主在自己更换蓄电池之前，要仔细查看车主手册。因为对于高级轿车，当拆下蓄电池接线柱时，音响、时钟和防盗系统的信息有可能被消除。

4. 添加蓄电池专用液

对于干荷蓄电池（俗称水电池），车主应该定期检查蓄电池专用液面的位置，如果液面高度偏低则应进行及时添加，否则将影响蓄电池的充电量。

1）打开蓄电池加液孔塞子。

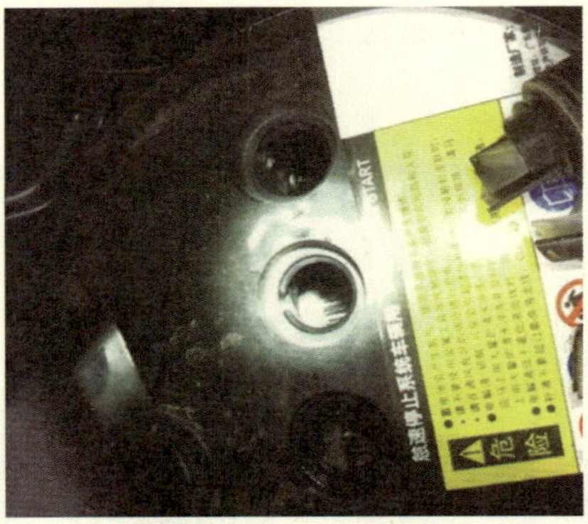

打开蓄电池加液孔塞子

2）用清洁的木条垂直插入蓄电池加液孔内与极板防护片抵住，然后拿出，其液体侵入木条上的痕迹高度即为液面高度。若查得蓄电池专用液面偏低，应添加蓄电池专用液；若查得蓄电池专用液面过高，可用密度计吸出，否则蓄电池专用液容易外溢，腐蚀极桩和连接件，易造成短路等。

检查蓄电池专用液面高度

3）将蓄电池专用液添加到蓄电池各单格电池内，确保液位位置到标准位置。

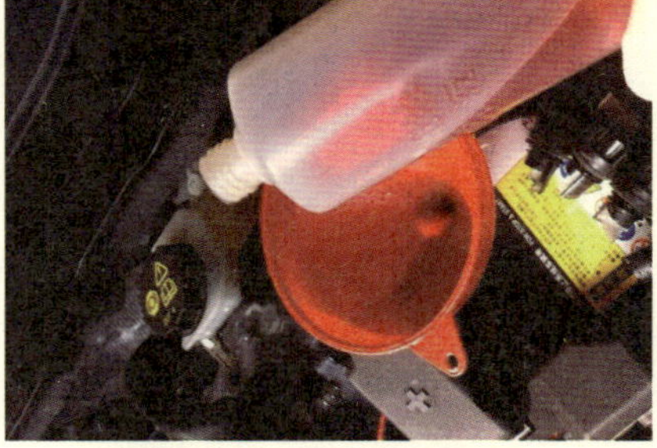

添加蓄电池专用液

十四、更换点火线圈

点火线圈的作用是将汽车低电压变成高电压，然后通过火花塞点燃气缸内的混合气。现代轿车大部分采用单独点火方式，即每一个气缸分配一个点火线圈，点火线圈直接安装在火花塞的顶上，这样更换简单容易，而且能量传导损失小，具有较强的点火能力，大幅减少了电磁干扰，是点火系统最常见的模式。

点火线圈虽然不像火花塞那样容易损坏，但是如果使用方法不当，也容易造成点火线圈的损坏。

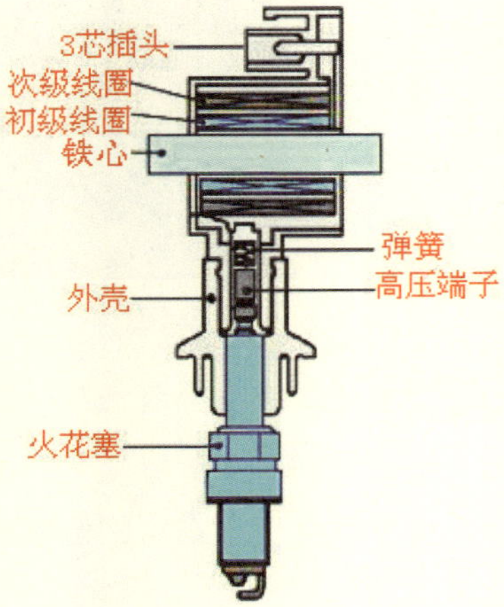

点火线圈结构

1. 准备工具

更换点火线圈的工具比较简单，准备一个10mm的套筒或10mm T形杆即可拆装。

2. 拆卸点火线圈

1）关闭点火开关，确定发动机处于冷态。

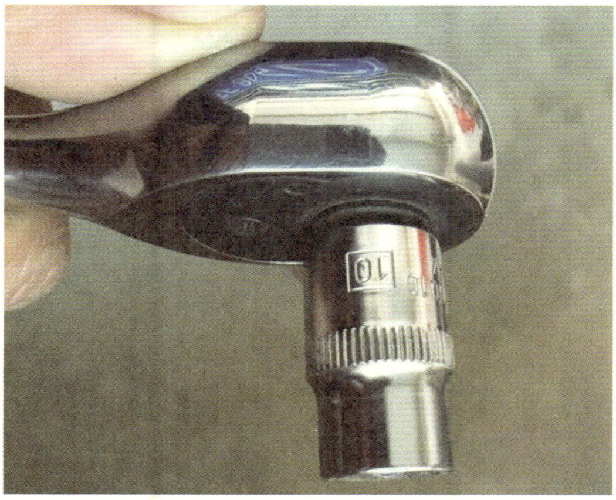

套筒

2）拆下点火线圈的保护罩。

拆下点火线圈的保护罩

3）用套筒拆下每个点火线圈上的固定螺母。

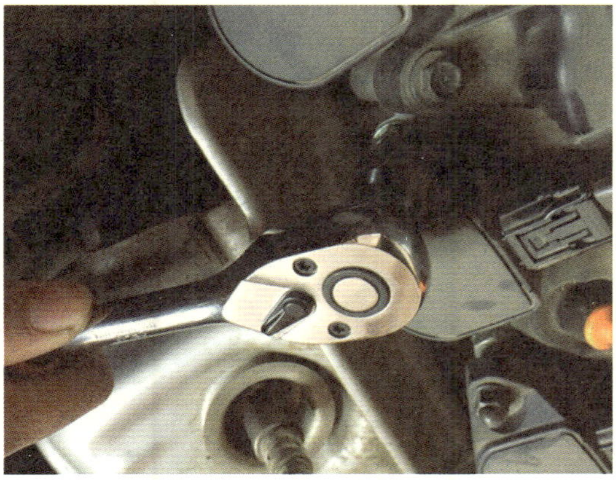
拆卸点火线圈的固定螺母

4）小心地依次拔下点火线圈的插头，然后取出点火线圈。

取出点火线圈

3. 安装点火线圈

购买新的点火线圈时最好带着旧点火线圈到汽车配件商店咨询。在安装时参考维修手册，但一般步骤如下。

1）选择新的点火线圈时最好是厂家推荐的型号，避免点火线圈型号不对影响发动机的性能。

2）将新的点火线圈安装到发动机内并拧紧固定螺母。

新的点火线圈

3）重新连接点火线圈插头。

4）安装点火线圈的保护罩。

连接点火线圈插头

十五、更换火花塞

火花塞的作用是把点火线圈产生的高电压引入发动机气缸，在火花塞电极的间隙之间产生火花点燃混合气。

火花塞属于典型易消耗件，普通火花塞一般行驶20000~30000km即应更换。而对于铂金火花塞一般每行驶100000km后才更换。除了定期更换外，当火花塞坏了后也应更换。更换火花塞操作十分简单，但是车主自行更换前应查阅维修手册或车主手册了解有关注意事项。

1. 准备工具

更换火花塞不仅要准备一个10mm的套筒，还要准备一个16mm的火花塞套筒扳手。

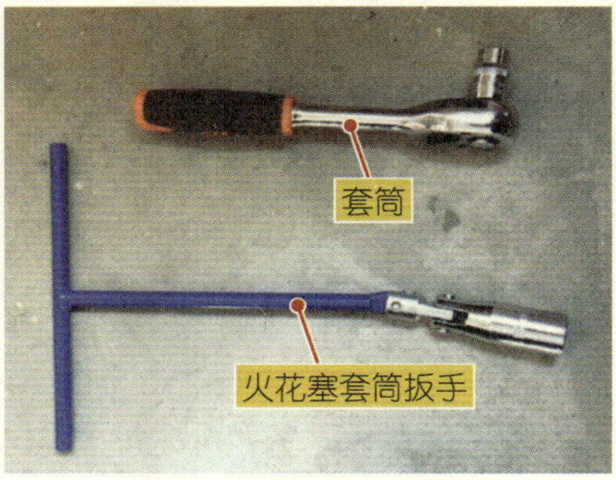

准备工具

2. 拆卸火花塞

1）关闭点火开关，确定发动机处于冷态。

2）拆下点火线圈，参见前面“拆卸点火线圈”步骤。

拆下点火线圈

3）用火花塞套筒扳手逆时针方向转动以拧松火花塞。

拧松火花塞

4）利用火花塞套筒扳手内的磁铁吸力慢慢地从火花塞孔内取出火花塞。

取出火花塞

3. 检查火花塞

检查火花塞有无过量的积炭或杂质。如果火花塞电极有损坏或超过推荐的使用周期，更换所有的火花塞。

检查火花塞

4. 选择火花塞

车主在购买火花塞前，应仔细阅读车主手册或维修手册的相关规定。使用型号不对的火花塞将会损坏发动机。新火花塞不必是相同的牌子，但是必须与旧火花塞的技术参数相同。最好的办法是拿着旧的火花塞到汽车配件商店购买。

1）尺寸要相同。火花塞螺纹直径为10mm、14mm或18mm。

2）旋入气缸的长度要相同。旋入气缸的长度为11mm、12mm或19mm。

3）火花塞的热特性要相同。火花塞的热特性：1~3为热型火花塞；4~6为中热型火花塞；7以上为冷型火花塞。

4）电阻类型要相同。电阻类型有防干扰火花塞和防水、防干扰火花塞。

选择火花塞

Tips 注 意

国外的火花塞型号表示方法有所不同。

5. 安装火花塞

1）将少量防黏复合剂涂抹在火花塞螺纹上，以便下一次拆卸容易。

2）将新火花塞插入到火花塞套筒扳手，然后小心地将其放到火花塞孔内。

3）用火花塞套筒扳手将火花塞拧紧，但紧固力不能过大，避免损坏火花塞。

新火花塞插入到火花塞套筒扳手

将火花塞放入火花塞孔内

4）安装好4个缸的点火线圈，参见前面“安装点火线圈”。

安装好点火线圈

第四章　汽车底盘的保养

汽车底盘的保养往往被视作可有可无，远没有发动机和车身那么受车主重视，其实汽车底盘直接关系到汽车的安全性、操控性、舒适性和经济性等各种关键的性能。因此，车主及驾驶人丝毫不能掉以轻心，它的保养和发动机保养一样重要。

本章重点是教会感兴趣的车主自己动手完成一些简单的底盘保养项目，从而节约用车费用。如果自己无法解决，应及时到4S店或维修厂去排除安全隐患。

一、底盘装甲

底盘装甲就是底盘防锈处理，一般车主在购买新车后均需要做此项目，作为车主需要懂得底盘装甲的重要性。

1. 底盘装甲的作用

底盘装甲也称为底盘封塑或底盘防锈，就是在汽车底盘的下面喷涂一层2～4mm厚的弹性密封材料，形成一层厚厚的铠甲。它的主要作用如下。

底盘喷涂层

1）底盘防腐蚀。避免潮气、酸雨、盐分对汽车底盘金属的侵蚀，密封车体缝隙。

2）防石击。橡胶涂层有效防护路面砂石对底盘的击打，保护漆膜。

3）防振。发动机、车轮均固定在汽车底盘上，它们的振动在某一频率上会与底盘产生共振，底盘装甲防护会消除共振。

4）隔热。阻隔底盘金属热传导，使驾驶室内冬暖夏凉。

5）隔音降噪。汽车行驶在快速路上，车轮与路面的摩擦声与速度成正比，底盘装甲能降低行驶时噪声的传导，增加驾驶宁静感。

6）防止螺栓松脱。汽车行驶过程中会抖动，底盘装甲可以防止底盘螺栓的松脱。

7）防拖底。底盘装甲减轻车辆底部被路面剐蹭时造成的伤害。

2. 底盘装甲常用的设备、工具和材料

(1) 喷枪的气源

喷枪的气源来源于空气压缩机，一般在维修机构均设置有气源接口（带自封快速接头）。

(2) 底盘装甲喷枪

底盘装甲喷枪主要用于喷涂作业，使用时将底盘装甲喷枪扎进底盘装甲瓶中，然后拧紧，并接上气管即可。

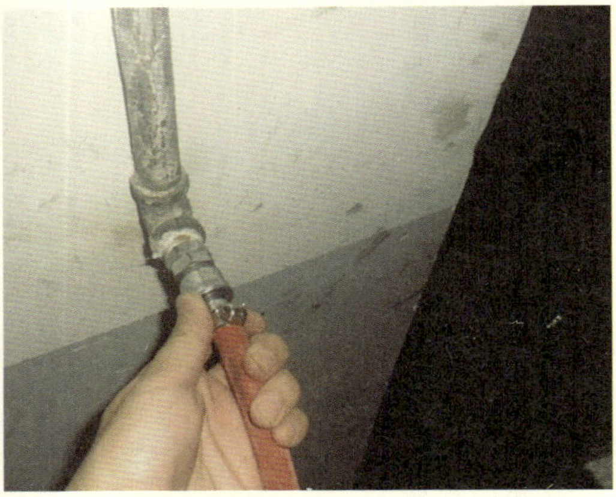

气源接口

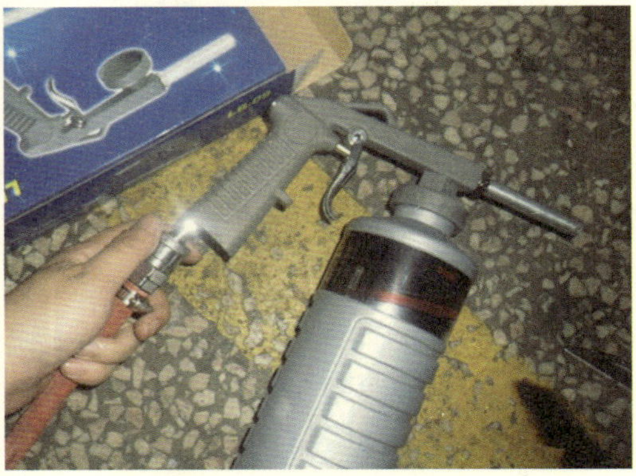

底盘装甲喷枪

(3) 底盘装甲材料

底盘装甲材料的学名是汽车底盘防撞防锈隔音底漆，它是一种黏附性橡胶沥青涂层，具有无毒、高附着性等性能，可喷涂在汽车底盘、轮毂、燃油箱、汽车下围板、行李箱等暴露部位，快速干燥后形成一层牢固的弹性保护层。底盘装甲的材料在汽车用品店均能购买到。

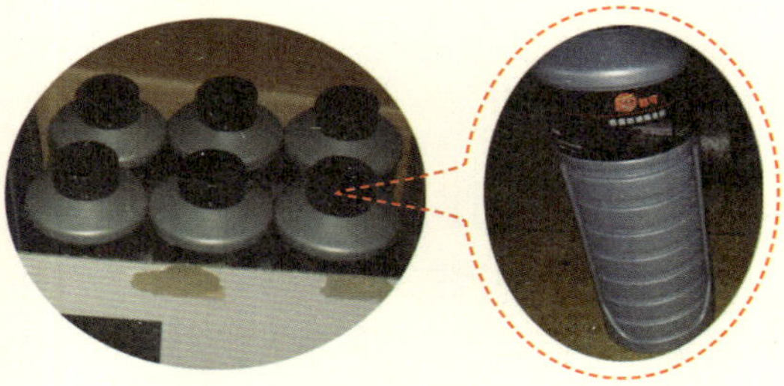

底盘装甲材料

3. 底盘装甲作业

1）用高压水枪冲洗干净车身及底盘，特别是去除底盘上粘结的油泥和沙子，或用特制砂纸打磨掉原防锈层。

2）用风枪将车身及底盘缝隙中的水吹出，并用毛巾将水擦干。最后将汽车安全地举起，此时应在油漆部位和底盘的油管、排气管等部位用遮蔽纸进行遮蔽处理。

冲洗干净车身及底盘

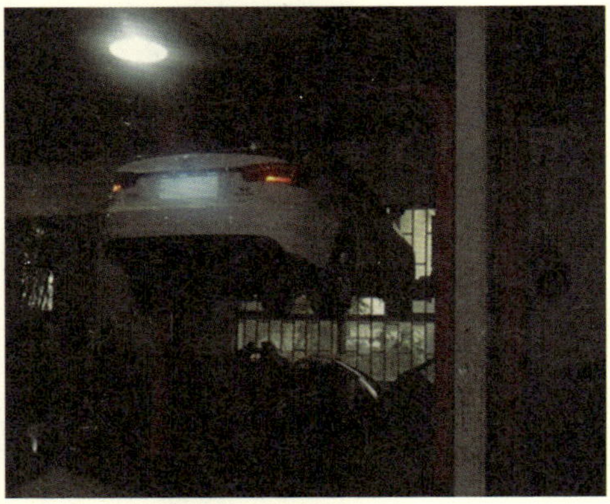

安全地举起汽车

3）工作人员穿好工作防护服，做好必要的防护措施，然后对汽车底盘及其他防锈部位进行喷涂作业，确保涂漆均匀分布。

Tips 注 意

等待喷涂部位表干之后方可取下遮蔽纸和遮蔽膜，并做好现场清洁工作。

进行喷涂作业

正常支撑高度

异常支撑高度

Tips 常见问题解答

底盘装甲相对简单，是否可以自己进行喷涂？

底盘装甲是一项重要的工作，如果喷涂过程中不小心将喷涂材料滴在车身漆面将会影响美观，建议到专业的维修机构进行喷涂作业。

二、检查悬架系统

检查悬架系统是车主在日常用车中必须要做的内容，它是保证汽车正常行驶的重要工作之一。

1）用力按下汽车悬架后松开，观察回弹次数，如果超过2次，则表明液压减振器有故障，可能是油液渗漏造成的。

2）将汽车停到平整路面上，观察四个车轮位置有无明显下沉造成汽车倾斜。也可以使用直尺测量相同车型在同一个位置减振器能够支撑起的高度来判断减振器的好坏。例如，该车减振器支撑起的正常的高度为120mm，若支撑起的高度为95mm，说明减振器异常。

3）汽车每次上下振动时，若悬架系统都会发出“咯、咯”的响声，而且每到不平整路面时响声加剧，说明悬架系统出现故障，可能是减振器损坏或是减振器胶套破损。这时可以停车，对有故障一侧的减振器进行检查，正常情况下，减振器工作时会发热，如果不发热则说明减振器漏油了。

4）在转弯时应该感觉稳定可靠，特别是在急转弯时，如果车身侧倾过大，说明减振器或稳定杆损坏。

5）检查悬架支座橡胶是否老化失效；螺旋弹簧有无工作失效及减振器有无渗油或工作不良现象；稳定杆是否变形损坏，橡胶件是否老化变形，以及稳定杆和上下摆臂是否变形等。

减振器渗油

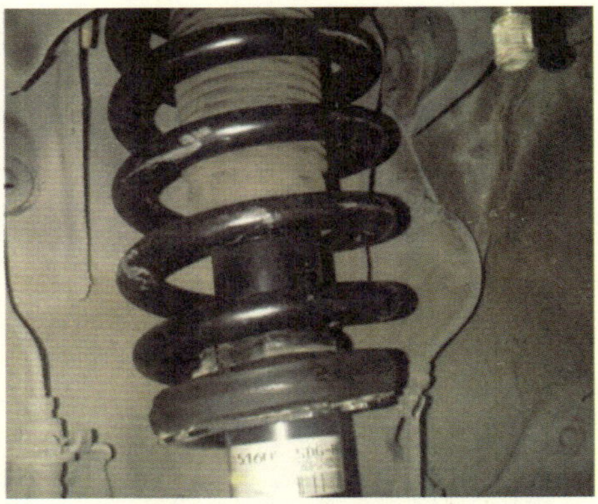

减振器工作不良

Tips 车主常识

当减振器损坏后，车主可以直接到维修厂进行更换。如果车主自己选购减振器，最好使用原厂推荐的产品。因为如果减振器太软，车身就会上下跳跃；如果减振器太硬，就会带来太大的阻力，妨碍弹簧正常工作。

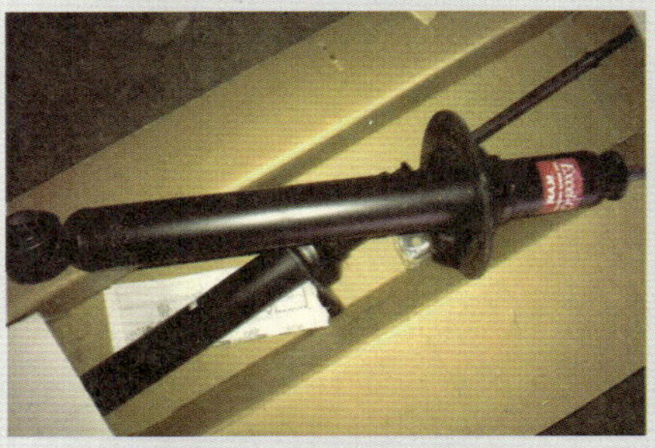

减振器

三、检查转向系统

检查转向系统是车主在日常用车中必须要做的内容，它关系到汽车行驶方向的操作，是一个非常重要的安全系统。

1. 转向系统部件检查方法

车主可以通过以下几点帮助判断转向系统好坏：

1）操作转向系统感觉操作力度是否适当。

2）转向系统应能在汽车转弯时灵活平稳地将扭力传到前轮。

3）不会让路面不平引起的振动造成回跳或方向失控。

4）转向盘应能平稳回位。

2. 转向系统的诊断

大多数车主对转向系统的故障不能自行处理，但是通过学习和了解可以识别故障的部位，避免修理欺诈。

1）检查转向节和横拉杆球头是否磨损或松动。如发现磨损过大，应立即更换。

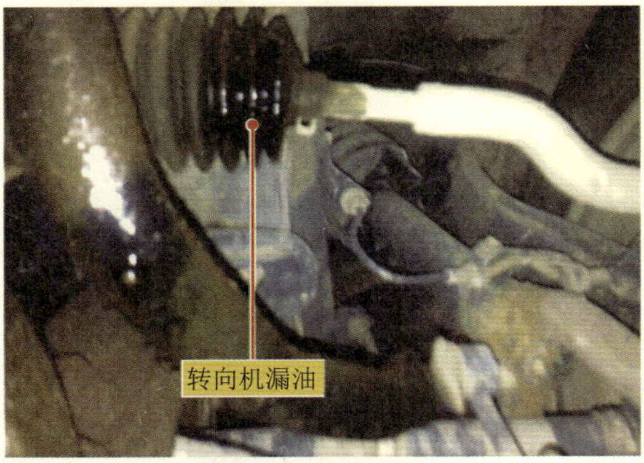

转向机漏油

2）检查转向助力泵是否缺油；转向助力泵传动带是否损坏。

3）检查转向机是否漏油；检查软管及回油管是否泄漏。

4）将转向盘用力向上拉，如有间隙，检查转向盘螺母是否松动和转向十字轴是否松动、转向柱接转向机的部分是否松动。检查横拉杆是否变形。

四、更换动力转向油

动力转向油一般2年或30000km更换一次，但如果动力转向油过脏或变质均需要更换。更换动力转向油操作简单，车主及驾驶人均可以自己更换，其操作步骤如下。

1. 准备常用的工具和材料

准备好动力转向油、钳子（用于拆卸油管）、容器（收集旧动力转向油）、简易抽吸器、漏斗（可以自制）等工具和材料。

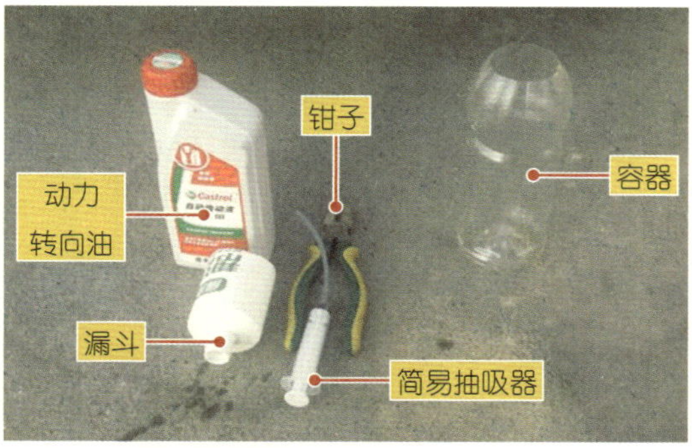

准备常用的工具和材料

2. 更换动力转向油的步骤

1）安全地支撑起汽车的前轮，使之离开地面，直到前轮能自由转动；后轮用木垫挡住，避免汽车后溜。

2）将旧动力转向油从储油罐中吸出。

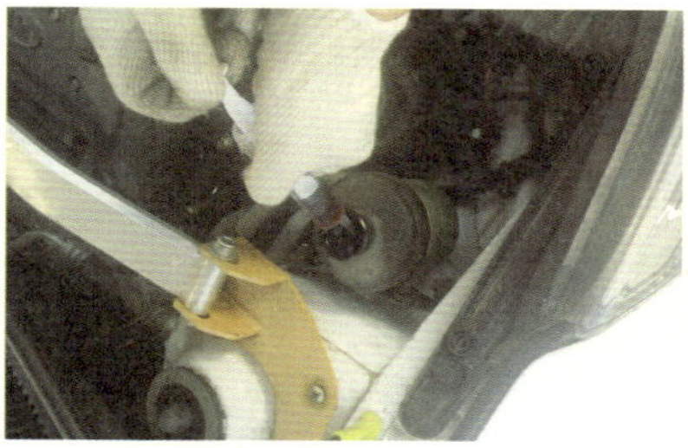

吸出旧动力转向油

3）从储油罐上拆卸回油软管。

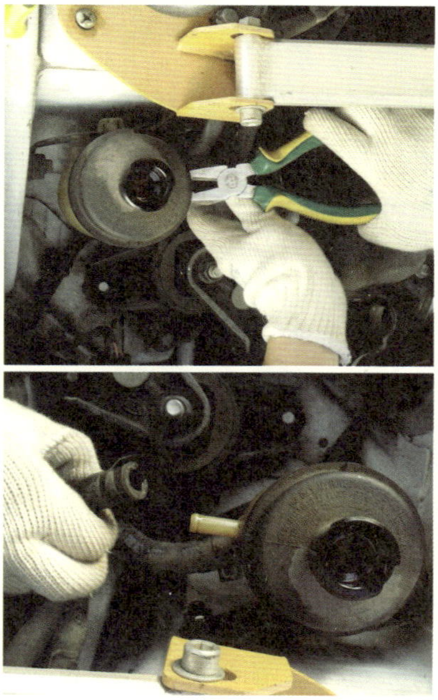

拆卸回油软管

4）用手指或塞子堵住储油罐的接口。

堵住储油罐的接口

5）将回油软管插入容器中，收集旧动力转向油。

收集旧动力转向油

6）起动发动机并使发动机以怠速运转，同时由助手向储油罐中添加动力转向油。

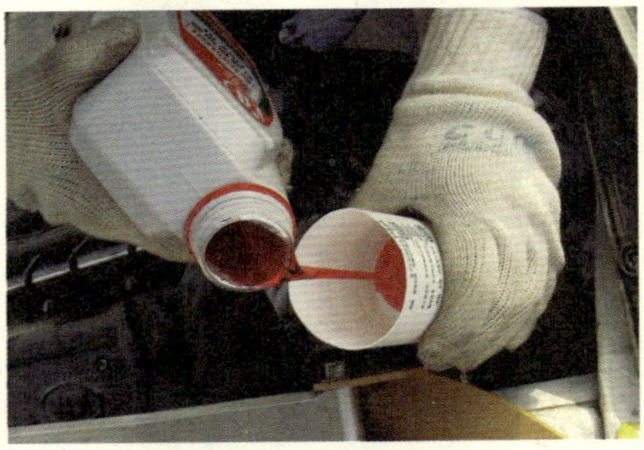

添加动力转向油

7）将转向盘左右来回转到底，并不断地向储油罐内倒入动力转向油（注意不能等储油罐内无油时再倒入，以防混入空气），同时观察透明的容器流出的动力转向油的色泽，直到动力转向油的颜色变得透红（与新的转向油颜色相同）时，立即关闭发动机。

Tips 注 意

转动转向盘时不得将转向盘转到底后保持不动，因为转向盘转到底后保持不动将导致系统压力过高、过热，并损坏转向油泵和转向机。

8）迅速接好储油罐的回流管，再将动力转向油加注到规定范围为止。

接好回流管并加注动力转向油

9）起动发动机，确保管路无渗漏即可。

五、更换自动变速器油

自动变速器油（ATF）是主要液力传动介质，起到润滑自动变速器的作用，是自动变速器的“血液”。自动变速器油更换周期应参考车主保养手册，但一般正常行驶情况每40000~60000km左右更换一次，恶劣行驶情况每30000km更换一次。

更换自动变速器油操作比较简单，车主可以选择专业维修机构进行更换，有条件的车主也可以自行更换，但更换之前应参考车主保养手册或汽车维修手册的有关规定和注意事项。

1. 准备工具和材料

1）准备好自动变速器油，车主必须按照规定购买原厂规定或推荐的自动变速器油。现在市场上也出现了一些可以用于替代所有牌号的自动变速器油，不过一般不建议使用这种自动变速器油来替换特殊型号的自动变速器油，以免影响自动变速器的性能和寿命。

2）准备好抹布、手套、长漏斗（可以自制）、容器（收集旧自动变速器油）、放油螺塞拆装工具等。

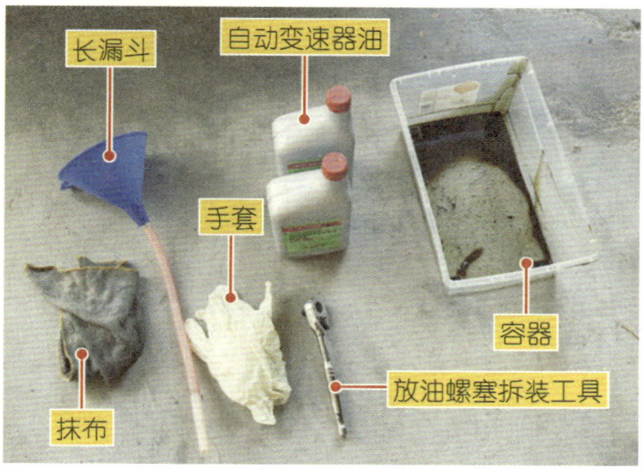

更换自动变速器油的工具和材料

2. 更换自动变速器油的步骤

1）确定发动机处于冷态，避免更换自动变速器油时烫到手。

2）使用支撑架或千斤顶安全地顶起汽车，并在正确位置使用安全架将其支撑。

使用支撑架安全支撑汽车

3）拔开自动变速器油尺。

4）将容器放在自动变速器的下面。

5）拆下自动变速器放油螺塞。

6）让ATF排完。

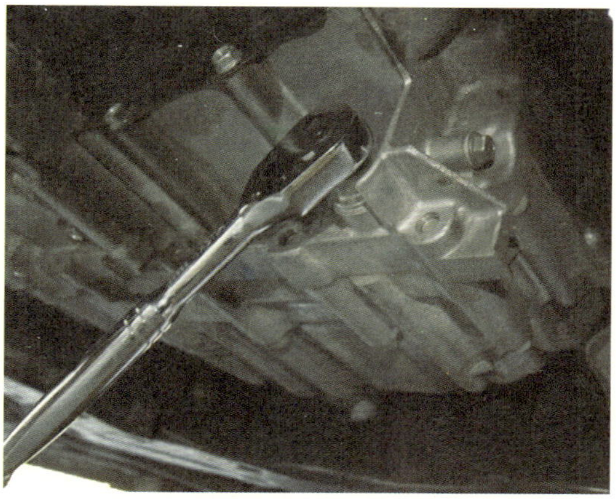

拆卸放油螺塞

排放ATF

7）按照规定更换自动变速器滤清器。

8）使用新密封垫圈重新安装放油螺塞。

Tips 注 意

放油螺塞拧紧时不能用力过大，避免拧断螺塞而更换油底壳，增加维修费用，只要按照规定拧紧不泄漏即可。

9）利用长漏斗或自制的简易漏斗从自动变速器油尺导管孔将推荐的自动变速器油加注至上限标记与下限标记之间。加注时不得超过上限标记。

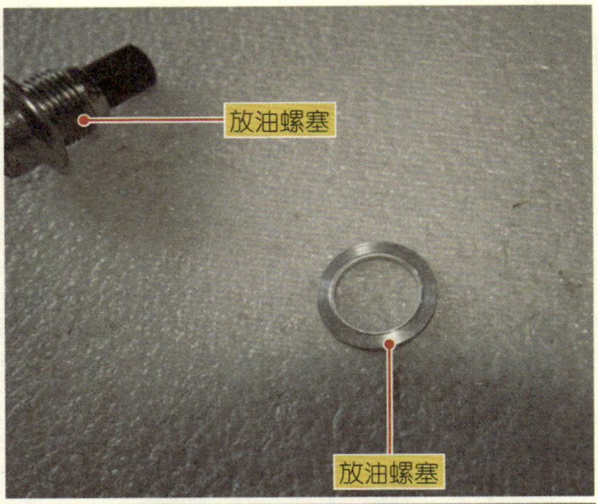

更换密封垫圈

利用长漏斗加注自动变速器油

10）将自动变速器油尺插入自动变速器油尺导管，使槽口与导向锥对齐。

11）检查确认自动变速器油位到指定刻度线即可。

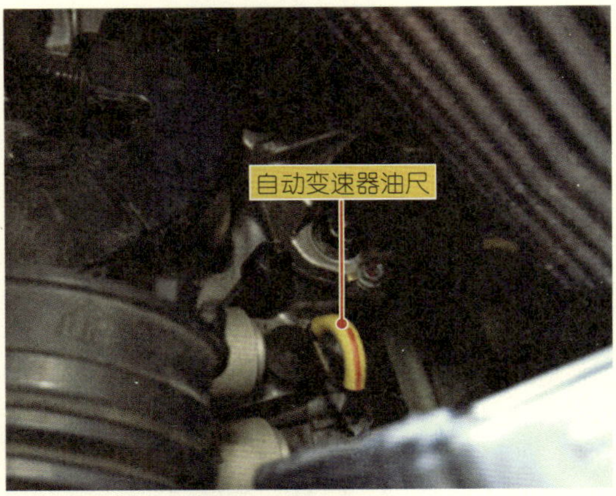

自动变速器油尺位置

Tips 常见问题解答

① 自动变速器内部异响，更换自动变速器油后为何故障即可排除？自己能解决吗？

对于自动变速器内部异响、自动变速器加速抖动、自动变速器换挡困难等故障，很多与自动变速器油有关，有时候通过更换自动变速器油就可解决这类故障。作为车主或驾驶人也可以自己更换自动变速器油来观察此类现象有没有消除，如果故障现象依然存在则应送到专业维修厂进行检修，以免自动变速器更加恶化，甚至报废。

② 为何在维修机构更换自动变速器油时，维修人员没有对自动变速器过滤器进行更换？

严格来说自动变速器过滤器必须连同自动变速器油一起更换，但是如果旧自动变速器油没有过脏污，可以下次更换自动变速器油时再一起更换。

六、清洗自动变速器

自动变速器经过长时间使用，内部自动变速器油将会变质产生沉淀物，若不能及时将其清洗掉，将会引起自动变速器的换档质量。目前维修厂或4S店采用自动变速器清洗换油机即可完成自动变速器及变速器散热器的清洗换油工作。

这种清洗方式可以把自动变速器内部的油垢和金属屑清洗干净，同时换油也比较彻底，能够放掉85%以上的旧油液，延长自动变速器的使用寿命，更换自动变速器油的周期可以达到60000～80000km。

清洗自动变速器需要用专门的设备，车主应到维修厂或4S店进行。但是车主也应该主动学习，懂得清洗的过程，避免清洗时大量耗费自动变速器油。

自动变速器清洗换油机

1. 清洗自动变速器的设备和材料

(1) 自动变速器清洗换油机

自动变速器清洗换油机具有自动清洗自动变速器和换油的功能，操作简单方便，是目前自动变速器养护的主要设备，整个清洗换油过程大约需要30min左右。

自动变速器油

(2) 清洗自动变速器的材料

准备好清洗自动变速器时使用的自动变速器油、自动变速器清洗剂、自动变速器保护剂等材料。

自动变速器清洗剂及保护剂

2. 清洗自动变速器的过程

1）找到自动变速器清洗换油机专用接口的位置，然后安装上专用接口。

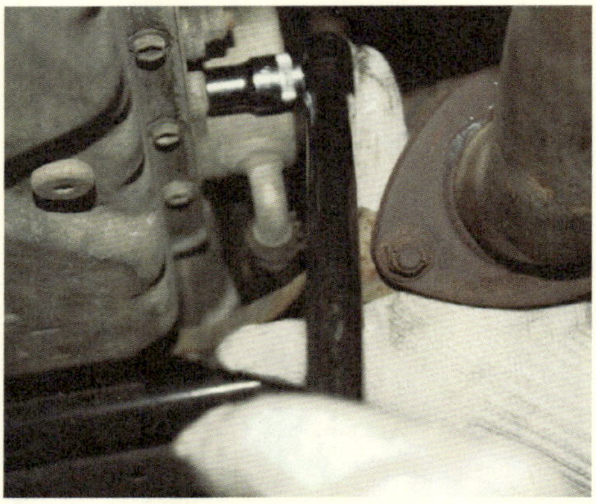

专用接口位置

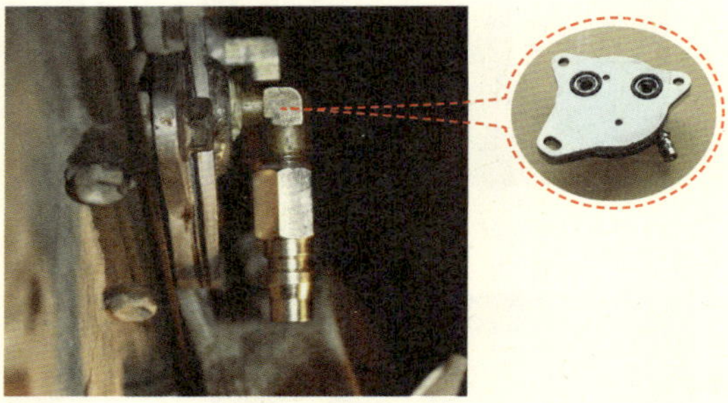

安装专用接口

2）将自动变速器清洗换油机的进、出油管正确连接至专用接口。

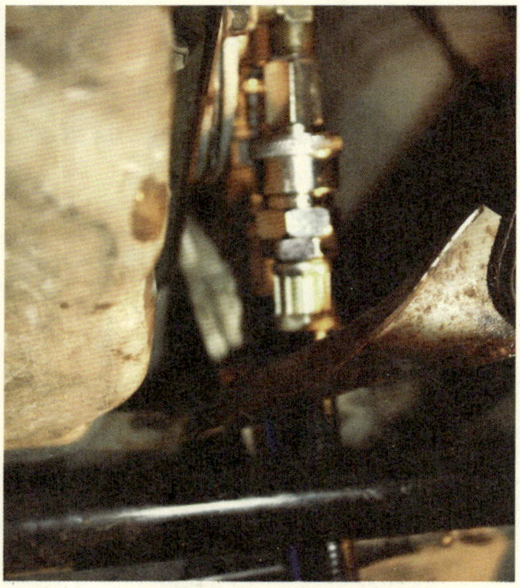

连接进、出油管

3）确保自动变速器变速杆处于N位（空档）位置。

4）启动自动变速器清洗换油机“清洗”功能，然后将吸油管伸入自动变速器清洗剂罐中，吸入自动变速器清洗剂让其进行循环清洗。

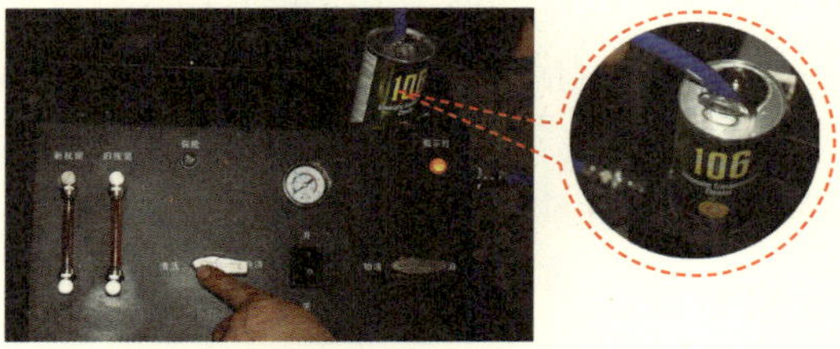

注入自动变速器清洗剂

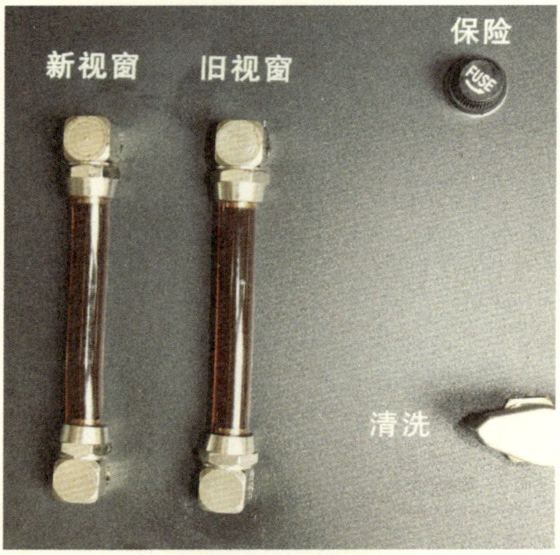

进行循环清洗

5）循环清洗完成后将自动变速器清洗换油机切换到“换油”功能，将自动变速器清洗换油机吸油管伸入新自动变速器油瓶中。

切换到“换油”功能

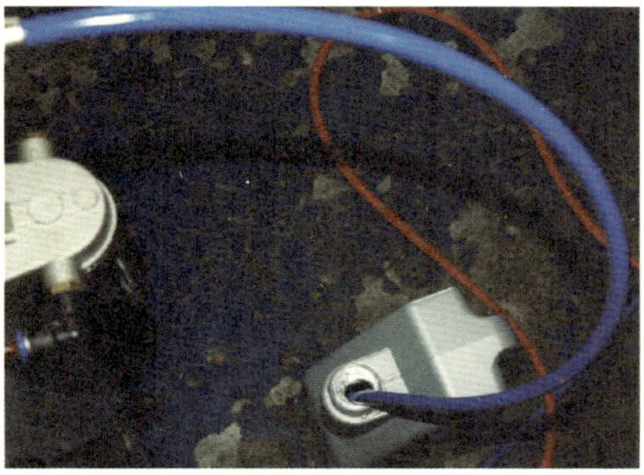

吸入新自动变速器油

6）清洗自动变速器时要时刻关注新自动变速器油瓶的油量，当差不多吸完时更换一瓶新的自动变速器油，大约需要12L左右。但具体要根据实际情况而定，当新、旧油视窗颜色基本相同时为合格。最后吸入自动变速器保护剂即可停止更换操作。

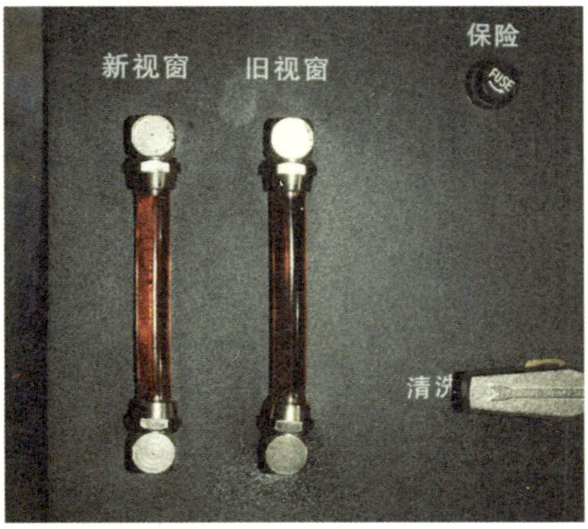

新、旧油视窗颜色基本相同为合格

吸入自动变速器保护剂

7）拆除管路连接，并恢复自动变速器的连接。

8）起动发动机，检查自动变速器是否有渗漏油的问题。

9）调整自动变速器油位。首先拆卸自动变速器油位检查螺栓，待自动变速器油不再溢出时，安装上自动变速器油位检查螺栓并清洁溢出的变速器油。

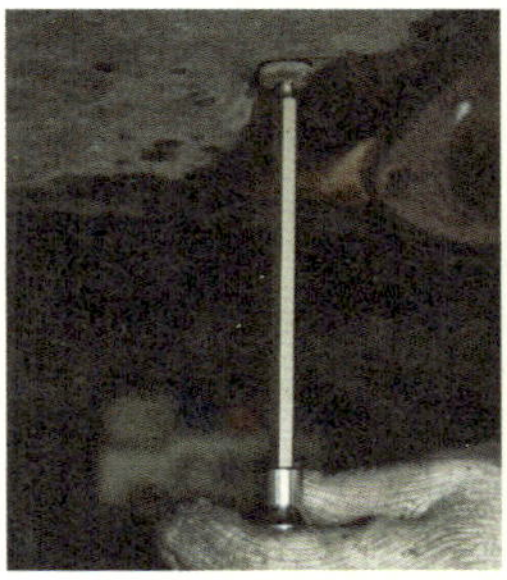

① 拆卸自动变速器油位检查螺栓

② 自动变速器油溢出

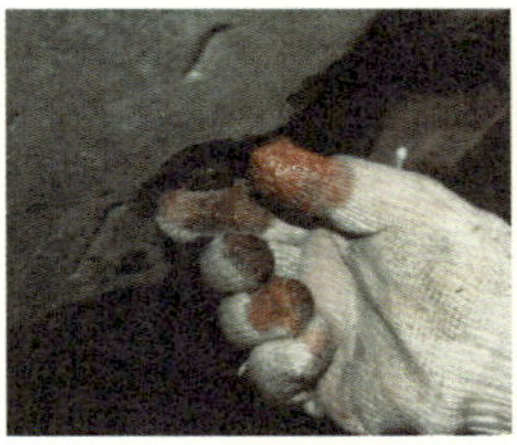

③ 拧紧自动变速器油位检查螺栓

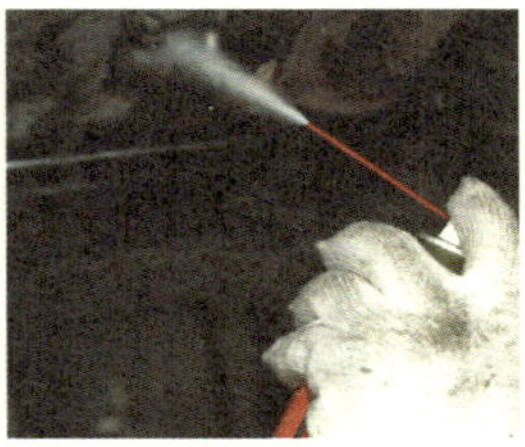

④ 清洁溢出的变速器油

调整自动变速器油位

10）清理旧自动变速器油和工位，完成自动变速器的清洗换油工作。

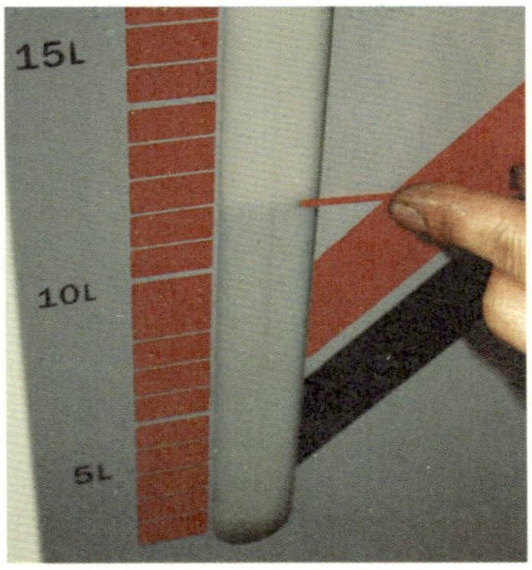

清理旧自动变速器油

七、更换手动变速器油

手动变速器油主要作用是润滑变速器内的齿轮，减少摩擦，延长变速器的使用寿命。手动变速器油更换周期应参考车主保养手册，但一般制造厂推荐的更换周期为30000～48000km。

更换手动变速器油操作比较简单，车主或驾驶人既可以选择维修厂或4S店进行更换，有条件的车主或驾驶人也可以自行更换，但更换之前应参考车主保养手册或汽车维修手册的有关规定和注意事项。

1. 准备工具和材料

1）车主必须按照规定购买原厂规定或推荐的手动变速器油。

2）准备好漏斗、容器及内六角扳手（根据车型选择合适的工具）等工具。

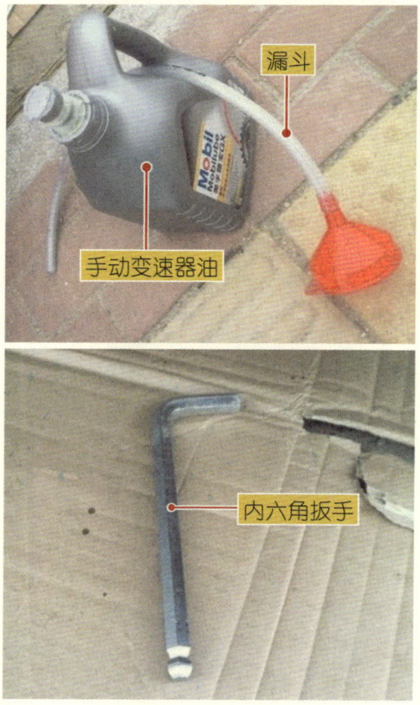

更换手动变速器油的工具和材料

2. 更换手动变速器油的方法

1）确定发动机处于冷态，避免更换时烫到手。

2）用千斤顶顶起汽车，并在正确位置使用安全架（或等同工具）将其安全地支撑住。

3）找到放油螺塞（在变速器底部）和加油螺塞（在变速器的中部或上部），然后分别将它们拆下，让旧手动变速器油自然流出，待流干净后拧紧放油螺塞即可。

Tips 注 意

有些车型配备有油尺，就不再有加油螺塞。

放油螺塞位置

加油螺塞位置

让旧手动变速器油流出

4）加注手动变速器油。打开发动机盖，把软管从发动机舱插进加油口就可以加油，直至加油口有油溢出来，再把加油螺塞装紧即可。

将软管插进加油口

加注手动变速器油

Tips 车主常识

1）有条件的情况下也可以将手动变速器油添加到加注器里，然后通过加注器将其加注到手动变速器内。

2）手动变速器油不足应及时补充，以免齿轮润滑不良导致手动变速器异响。

八、更换离合器油

一般每40000km需要更换一次离合器油，如果不及时更换，可能会在油路内产生气阻引发离合器踏板“变软”现象。更换离合器油比较简单，车主只要按照下面的步骤进行操作即可完成更换。

1）首先将离合器储油罐里的旧油抽干净。

2）拆下离合器工作缸上的放气塞防尘盖，然后在离合器工作缸放油螺栓处先套上一个合适的梅花扳手或等同的工具，并把软管装到放油螺栓上，最后把软管的另一端浸入到容器中。

3）检查离合器储油罐内的油面是否在规定位置，如果储油罐内的油量不足，应及时补充。

4）一人踩下并抬起离合器踏板数次，然后用力将离合器踏板踩下至最大行程，并保持不动。

5）另一人松开放油螺栓，制动液及空气从软管中流出，然后拧紧放油螺栓。

6）如此重复操作数次，直至从软管流出的离合器油中没有空气为止。

7）拧紧放油螺栓，取下软管，装回放油螺栓防尘盖。

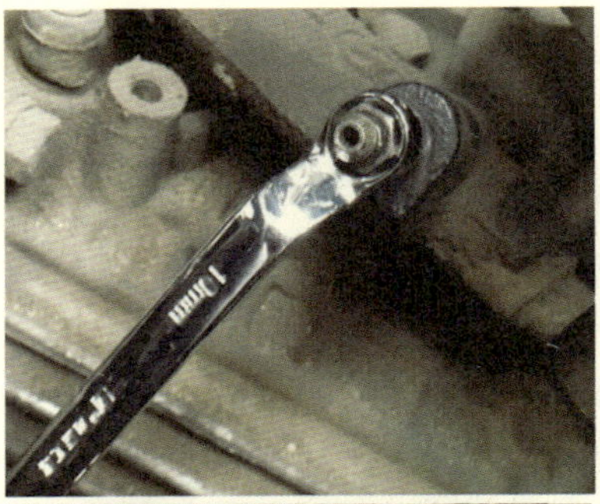

将软管装到放油螺栓上

8）将离合器油加注到储油罐中，直到MAX的标记线。

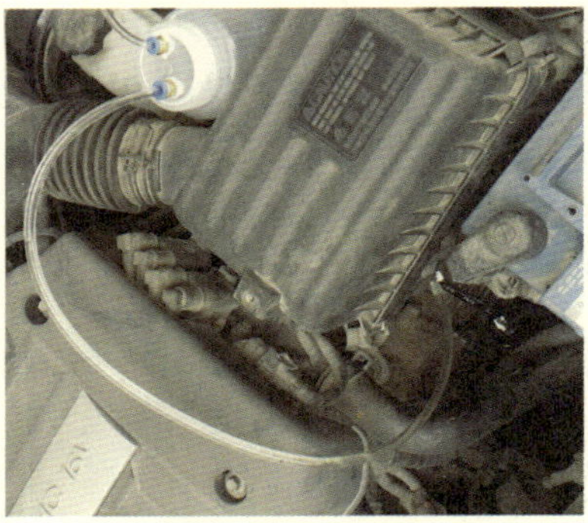

收集离合器油

加满离合器油

Tips 注 意

在更换离合器油的操作过程中，离合器储油罐中的离合器油必须保持在MIN标记线或以上，不足时应及时添加，以防止空气混入而再重复上述操作。

九、更换制动液

一般要求每2年更换一次制动液，更换制动液的操作方法比较简单，车主及驾驶人可自己操作，但是必须在确保安全的前提下进行，具体的步骤如下。

更换制动液时应尽可能多地抽出制动液储液罐中的制动液，然后添加新的制动液。

1）找到制动轮缸的放气螺孔，然后拆下制动轮缸上的塑料防尘盖。

2）将一根透明软管的一端插入盛有制动液的塑料瓶或容器中，然后在制动轮缸放气螺孔处先套上一个合适的梅花扳手或等同的工具，并把软管另一端装到放气螺孔。

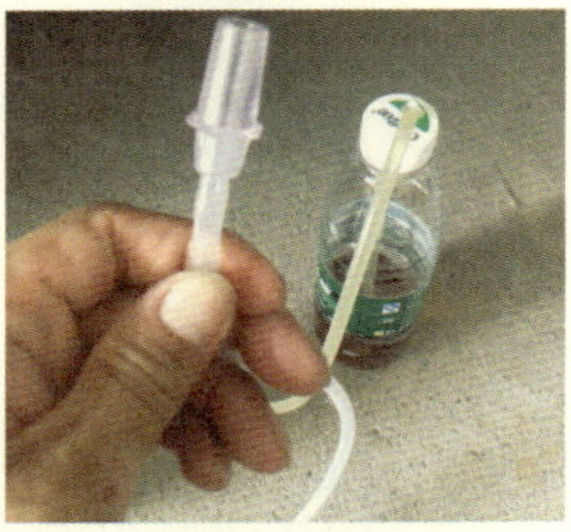

盛有制动液的塑料瓶

将透明软管连到放气螺孔

3）让助手连续踩制动踏板3～4次后，把它升高，并保持此踏板力，使踏板停留在踩下的位置。

助手踩踏制动踏板

4）此时把制动轮缸放气螺钉松1／3或1／2圈，让带有气泡的制动液由接好的透明软管流入塑料瓶或容器中。

5）制动踏板逐渐下降，等踏板不再下降时，拧紧制动轮缸放气螺钉。

6）让助手缓慢地松开制动踏板。

7）按需要重复以上过程（一般要进行3～5次），直到透明软管不再流出含有气泡的制动液为止。

8）重新拧上制动轮缸上的塑料防尘盖。

9）向制动液储液罐加注新制动液至规定位置，为所有的制动轮缸完成相同的步骤。

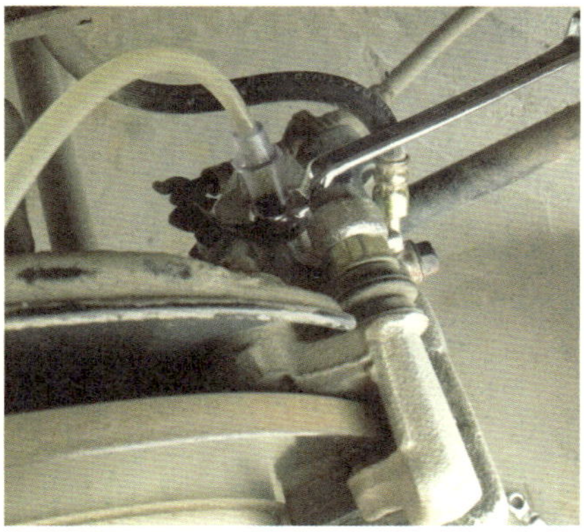

拧松放气螺钉

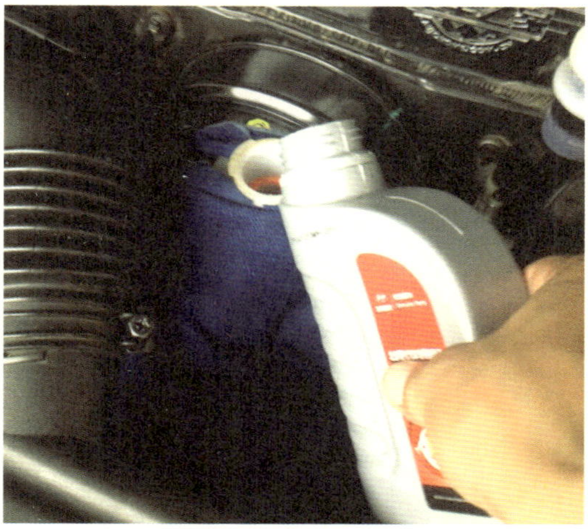

加注新制动液

Tips 车主常识

1）制动液俗称“刹车油”，常用的汽车制动液有DOT3、DOT4两种。DOT3与DOT4的不同之处主要在于沸点不同，DOT4比DOT3更耐高温。

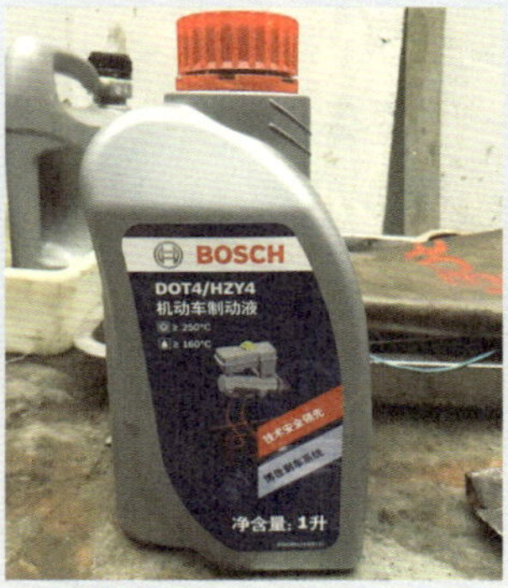

制动液

2）添加制动液时，不要摇晃制动液瓶，防止空气混入制动液中。

3）不能用拧松制动油管接头的方法来排气，必须从放气螺钉处排出。若放气螺钉折断，应予修理或更换制动轮缸。

十、更换制动摩擦片

盘式制动摩擦片每10000km检查一次，使用厚度值不能小于1.5mm。制动摩擦片的更换周期一般为30000km，但是往往要依据汽车的运行情况、汽车的类型、车载重量、制动摩擦片的类型等具体情况而定。

更换制动摩擦片的操作方法比较简单，车主及驾驶人均可自己操作，但是更换前应查阅车主保养手册了解有关规定和注意事项。

1. 拆卸制动摩擦片

1）将汽车安全地停稳，然后拧松轮胎螺母。

拧松轮胎螺母

2）安全地用千斤顶顶起汽车的一角或全部顶起，并在正确位置使用安全架将其支撑。

用千斤顶顶起汽车

3）拆卸轮胎，然后将轮胎放置于汽车底部，避免汽车侧翻。

4）检查制动轮缸、制动油管以及制动盘有无损坏，如果有，将其更换，然后继续下一步工作。

拆卸轮胎

5）拆下制动卡钳装配螺栓。为了让卡钳壳体不妨碍操作，有些可以向上转一个角度，但要小心不要弄伤手。

拆下制动卡钳装配螺栓

6）从卡钳支架上拆下制动摩擦片。

拆下制动摩擦片

2.安装制动摩擦片

1）选择新制动摩擦片，新制动摩擦片要尽可能与旧制动摩擦片使用相同的材质。

2）使用制动轮缸压缩工具或等同的工具将制动轮缸压缩复位。

选择新制动摩擦片

压缩制动轮缸

3）将新的制动摩擦片安装到卡钳支架上，然后在制动轮缸活塞上涂抹上消音膏。

安装新的制动摩擦片

4）轻轻把制动轮缸放下来，小心不要夹到手。

放下制动轮缸

5）按照规定力矩拧紧制动轮缸安装螺栓。

6）将轮胎安装好，然后在下一个车轮上重复以上步骤。

7）当制动摩擦片更换完成后，起动汽车，急踩制动踏板把汽车刹停。重复3～5次，能使制动摩擦片更好地与压盘面进行预磨合。

拧紧制动轮缸安装螺栓

安装好轮胎

Tips 注　意

1）更换制动摩擦片时，如果拆开了制动系统的部件，均需要进行“制动系统排气”操作，排气步骤与前面“更换制动液”基本一致。

2）安装时要确保制动摩擦片限位弹簧片安装位置正确，不然制动时会有“咔咔”的响声。

十一、更换制动蹄

制动蹄的更换周期一般为25000～30000km，但与汽车行驶路况及驾驶人踩制动踏板的频率有关。制动蹄厚度不能小于制造商推荐的维修极限（一般约1.5mm）。更换制动蹄相比更换制动摩擦片复杂，更换前应查阅车主保养手册了解有关规定和注意事项。

1.拆卸制动蹄

1）用千斤顶顶起汽车的一角或全部顶起，并在正确位置使用安全架将其支撑。

2）拆下轮胎。

3）拆下制动鼓。

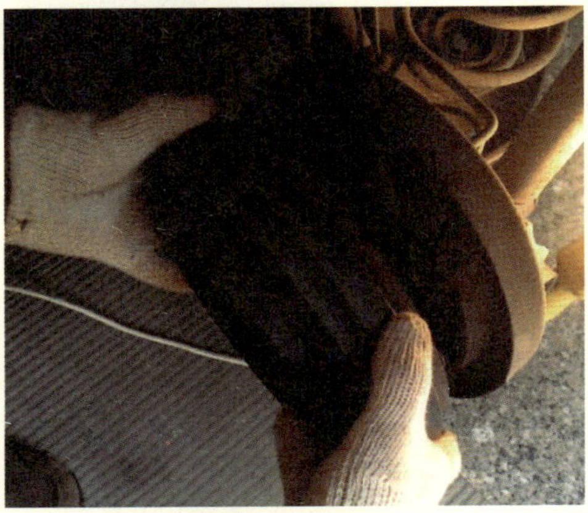

拆下制动鼓

4）检查制动轮缸、制动油管以及制动鼓有无损坏，如果有，将其更换，然后继续下一步工作。

5）拆下上部回位弹簧。

6）拆下调节器总成。

7）拆下下部回位弹簧。

8）压下定位弹簧并转动销，然后拆下张紧销。

拆卸定位弹簧

9）拆下制动蹄。

拆下制动蹄

2.安装制动蹄

1）按照制造商的推荐购买新的制动蹄。

2）把旧制动蹄上的操控杆拆除并装到新的制动蹄上。操控杆是通过一个卡环固定的，拆除卡环便能拆下操控杆。

3）把新的制动蹄装回去，切记把手制动拉索卡到操控杆上。

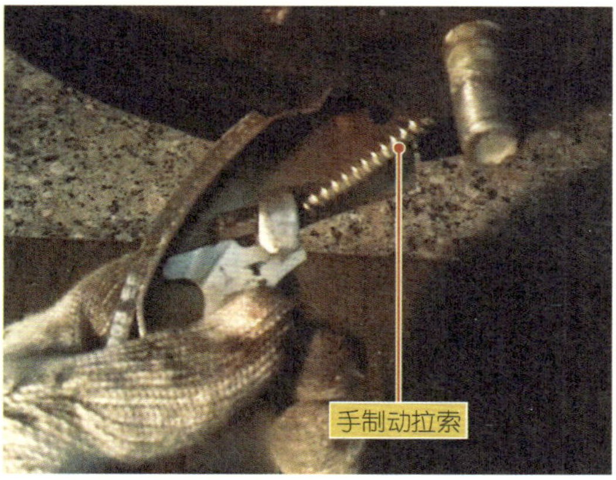

安装手制动拉索

4）按照相反的顺序安装好制动蹄。

新制动蹄及组件

5）重新调整驻车制动器。

6）清洁制动蹄的接触面，然后安装制动鼓。

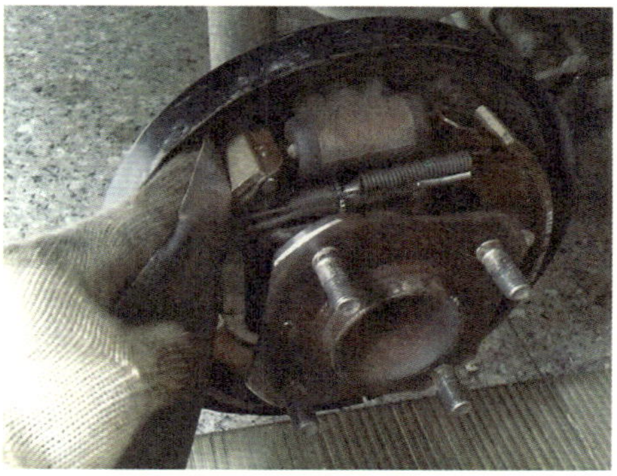

清洁制动蹄

7）将轮胎安装好，然后在下一个车轮上重复以上步骤。

8）当更换工作结束后，踩几下制动踏板直到调整器的“哒哒”声消失，此时调整器自动调整到位。

十二、更换制动盘

制动盘也属于消耗品，不同车型制造商所规定的更换周期不完全相同，具体更换周期以车主保养手册或维修手册为准。更换制动盘的操作也相对简单，车主及驾驶人只要懂得相关的方法可以自己更换，但更换前应查阅车主保养手册了解有关规定和注意事项。

1.拆卸制动盘

1）将汽车停稳，然后换入P位，拉紧驻车制动器，最后把汽车后轮堵住，以防汽车后溜。

2）安全地用千斤顶顶起汽车的一角或全部顶起，并在正确位置使用安全架将其支撑。

3）拆下轮胎，然后拆下制动轮缸并用铁丝挂起来。

拆下制动轮缸

4）拆下制动摩擦片及制动卡钳支架。

拆下制动卡钳支架

5）拆下制动盘平头螺钉。

6）拆下制动盘。如果制动盘卡滞在轮毂上，可将两个合适的螺栓拧入制动盘上的螺孔，然后用扳手转动每一个螺栓，借助反作用力顶出制动盘。

拆下制动盘

2.安装制动盘

1）选择制造商推荐的制动盘。

2）安装新制动盘之前，清洁轮毂与制动盘内侧表面，然后涂抹高温润滑脂。

清洁轮毂

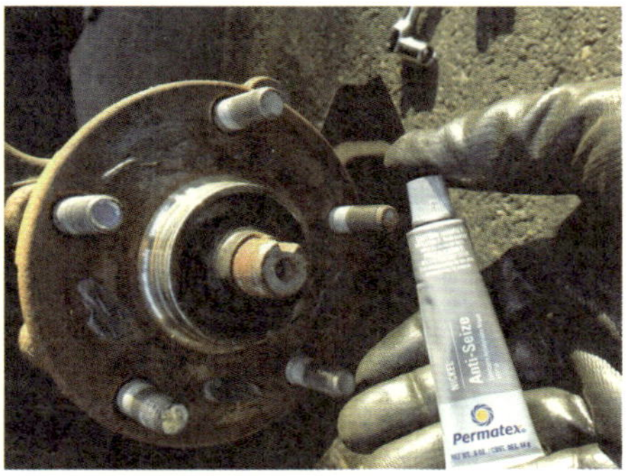

涂抹上高温润滑脂

3）按照与拆卸相反的顺序安装新制动盘。

安装新制动盘

4）重新安装制动卡钳及制动摩擦片，然后按照规定力矩拧紧螺栓。

5）将轮胎安装好，然后在下一个车轮上重复以上更换步骤。

规定力矩拧紧螺栓

十三、轮胎换位

为了让轮胎磨损均匀，应对轮胎定时进行换位。车主可以利用车上的自带工具自行换位，也可以到专业维修机构进行更换。

1.换位周期

轮胎换位周期：一般新车为10000km，以后每行驶5000～10000km进行一次轮胎换位。

2.换位方法

最好按照制造商说明书的程序进行轮胎换位，这里介绍3种常用的换位方法。

Tips 注 意

许多轮胎经销商对于售出的轮胎提供免费换位服务。

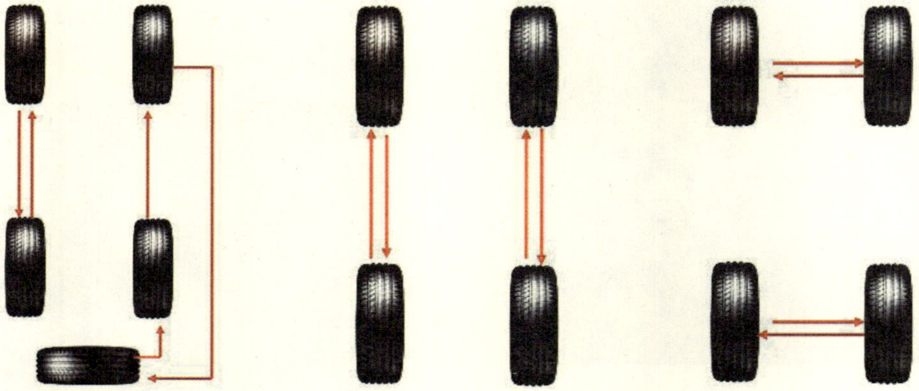

用备胎换位　　前后换位　　同轴换位

3种常用的换位方法

3.轮胎换位的操作

1）拆卸时，首先用千斤顶、车架凳将车辆顶起。

2）用套筒或拆装机将各轮毂螺栓、螺母依次拆下来并放置好，如遇生锈螺母不能拆下时，可用手锤轻敲螺母，并加注防锈剂，经20～30min后再行旋出。若该方法无效时，可用契子把螺母錾出，但是应小心操作，以免损伤钢圈。

3）按照相反顺序安装好轮胎，并按规定力矩拧紧。

Tips 注　意

拆装轮胎螺栓时不能用力过大，避免断掉。

拆装轮胎

Tips 车主常识

1）如果发现轮胎过早磨损或有不规则磨损的迹象，应提高轮胎换位频率，并做四轮定位。轮胎换位方式可咨询经销商。

2）轮胎换位尽量不要使用备用胎（特别是小规格的备用胎），因为备用胎只作为行驶中爆胎或漏气时紧急使用。若迫不得已使用备用胎，也要确保规格与正常轮胎相同。

3）有些汽车前后轮胎气压不同，轮胎换位后应重新调整胎压至规定值。当轮胎胎侧有转动方向记号时，换位后应保持轮胎的转动方向不变。

4.找到标明轮胎信息的标牌

购买轮胎时，首先要考虑汽车制造商的建议。查看门框一侧的标牌，它标明轮胎的规格以及推荐的轮胎气压。

以奥迪A4L轿车轮胎信息为例，说明如下。

1）该车可以装备225/55 R16、 225/50

R17以及245/45 R17三种规格轮胎的车型。空载时，前后轮胎压均为2.0kg/cm²（200kPa）；重载时，前轮胎压为2.2kg/cm²（220kPa），后轮胎压为2.4kg/cm²（240kPa）。

轮胎信息（奥迪A4L）

2）该车还可以装备245/40 R18轮胎，即“运动版”轮胎。轻载时，前轮胎压为2.2kg/cm²（220kPa）、后轮胎压为2.0kg/cm²（200kPa）；重载时，前轮胎压为2.3kg/cm²（230kPa）后轮胎压为2.5kg/cm²（250kPa）。

3）该车备用胎为T125/70 R19，胎压为4.2kg/cm²（420kPa）。

5. 轮胎的规格含义

轮胎规格标示方式为三组数字中穿插一组英文字母。以245/40 R18/93Y级轮胎为例，245表示胎面宽度为245mm；40表示高宽比40%；R18指子午线轮胎，轮胎内径18in（英寸）；载重指标93表示此轮胎载重上限为650kg；轮胎速度级别代号Y表示安全速度是300km/h。

轮胎规格标示

第五章　车身电气系统的保养

车身电气系统包括空调、音响、照明等电气设备，在用车的过程中电气设备经常会出现各种各样的小问题。因此，车主及驾驶人应该主动掌握一些简单的电气设备保养操作，应急的时候自己也能动手排除故障，而且节约维修费用。对于自己无法解决的应及时到4S店或维修厂进行维修。

一、空调系统的基础常识

1.空调系统的结构与原理

空调系统一般由压缩机、冷凝器、储液干燥器、节流装置（膨胀阀或膨胀管）、蒸发器和鼓风机总成等部件组成。

汽车空调与家庭用的空调类似，它通过压缩机将低温低压的制冷剂进行压缩，成为高温高压的气体，在冷凝器里面向空气散热，成为中温高压的液体，经过膨胀阀节流，成为低压低温的液体，在蒸发器里面蒸发成为低温低压的气体来吸收车室内的热使空气变冷。

2.空调系统保养常用的工具和材料

(1) 温度计

温度计主要用来测量空调出风口的温度，然后根据测量结果来判断空调的制冷性能。

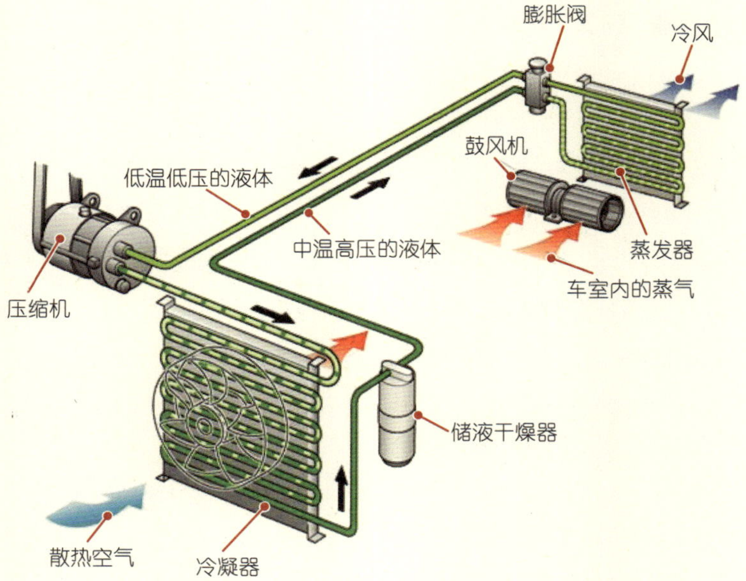

空调系统的结构与原理

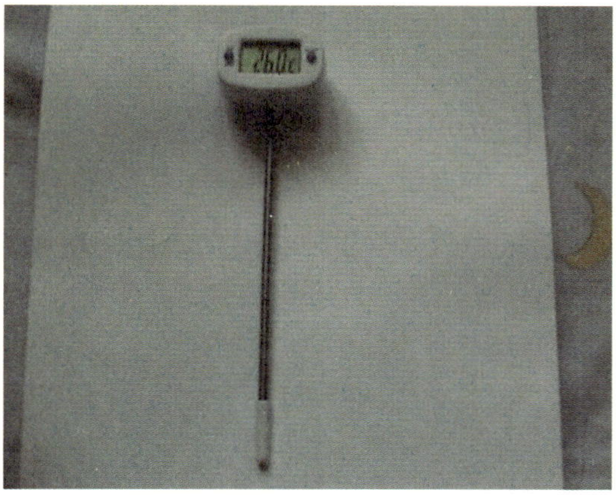

温度计

(2) 加注工具

加注工具有加注制冷剂和加注冷冻机油两种专用的工具，车主及驾驶人可以从汽配商店购买到。不同厂家生产的加注工具形状有所差异，使用时参照说明书操作即可，一般方法如下。

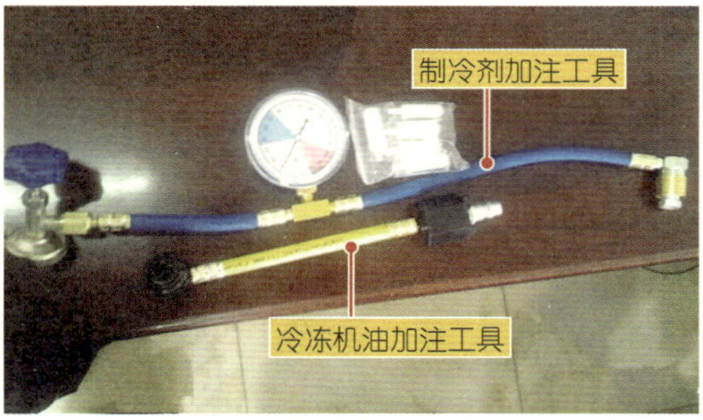

加注工具

1）打开冷冻机油罐，按照规定的冷冻机油加注量加注到加注器的小桶内。

2）重新安装好加注器接口，然后组装好制冷剂及冷冻机油加注工具，最后连接上制冷剂罐。

3）用制冷剂的压力，把冷冻机油带进空调管道内，参见后面“加注制冷剂”。加注冷冻机油必须谨慎操作，避免空调内冷冻机油过多影响空调的制冷性能，最好到专业的维修厂加注。

把冷冻机油加注到加注器小桶

安装好加注器接口

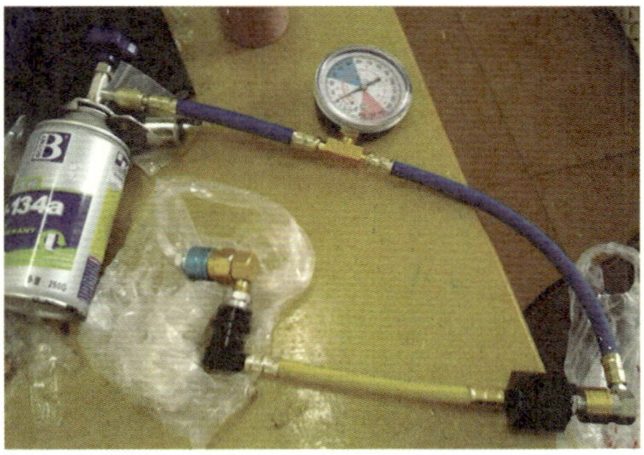

组装好加注工具

加注冻机油及制冷剂

3.制冷剂及冷冻机油

制冷剂及冷冻机油应使用制造商推荐的产品，避免影响空调制冷性能。目前R-134a制冷剂及冷冻机油占主流。

制冷剂及冷冻机油

二、检查及清洁空调系统

空调常见的问题是不制冷，车主及驾驶人应对空调进行定期检查及清洁，以保证良好的制冷效果。

1.检查制冷性能

1）起动发动机使其怠速运转，然后打开A/C开关。

2）将鼓风机转速设置为风量最大（MAX HI），温度控制开关置于最冷（COOL）位置，关上所有车门窗。

3）让空调处于内循环状态。

4）使用温度计测量出风口温度，一般5℃左右为正常。如果温度过高，说明空调制冷性能不正常，检查制冷剂是否不足或有其他故障，必要时到4S店或汽车维修厂进行维修。

制冷正常

制冷不正常

2.检查制冷剂量

空调正常运行后，通过装在储液干燥器或冷凝器后高压管路上的视液镜观察，如看到类似净水流过一样，则表明制冷剂符合要求。

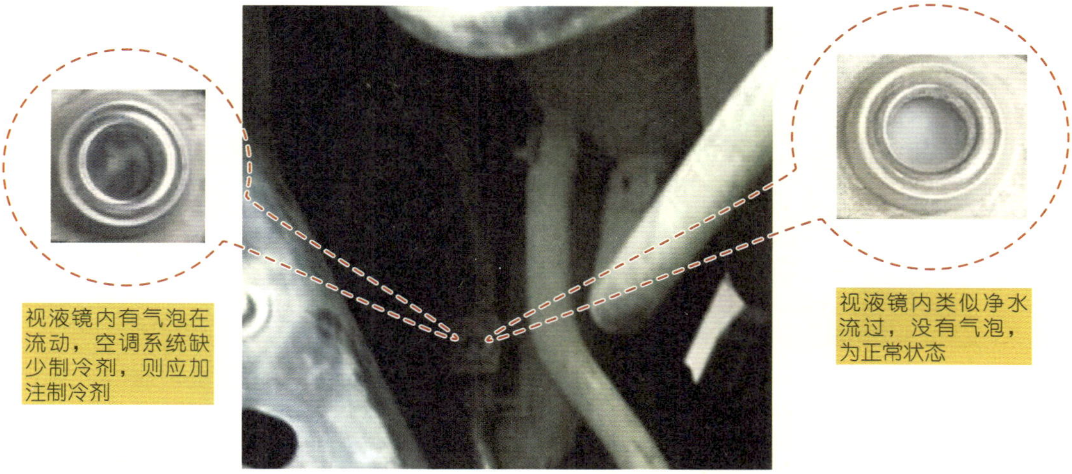

检查制冷剂量

3.清洁空调系统

1）检查空调滤清器，确保空调滤清器干净以保证进风量充足，一般每星期检查一次。如有脏污应用压缩空气吹干净，对于无法清洁干净的则更换。

检查空调滤清器

2）保持冷凝器的清洁，应经常检查冷凝器表面有无污物、泥土等，如有用软刷和水清除。

清洁冷凝器

三、加注制冷剂

当发现空调制冷剂不足时，车主及驾驶人可以选择专业维修厂进行加注，也可以自行加注，操作前应查阅车主保养手册或汽车维修资料的有关注意事项。

1）找到空调的低压加注口，有个塑料盖子上面标有“L”，打开后将加注工具的蓝色快速接头连接到低压加注口上。此时应看到压力表指针在转动，并有读数。如外界温度在30℃，空调中的压力应该在“45Psi（310kPa）”左右。如果压力过低，确保空调系统无泄漏的情况下加注制冷剂。

Tips 注　意

另外一个是高压管加注口，在塑料盖子上面标有“H”，加注时切勿选错，否则会出现爆炸的可能。

2）排出制冷剂加注工具里面的空气，起动发动机，转速为1000～1500r/min，将A/C开关接通，并将鼓风机开关置于最大档位，温度控制开关置于最冷位置。

3）顺时针转动制冷剂罐上的开瓶阀，使其刺破R–134a制冷剂罐，然后将开瓶阀逆时针转几圈，接着将制冷剂罐倒置，让里面的R–134a制冷剂加注进空调系统里。

4）当制冷剂加注至标准值时，将开瓶阀顺时针转几圈即可停止加注制冷剂。

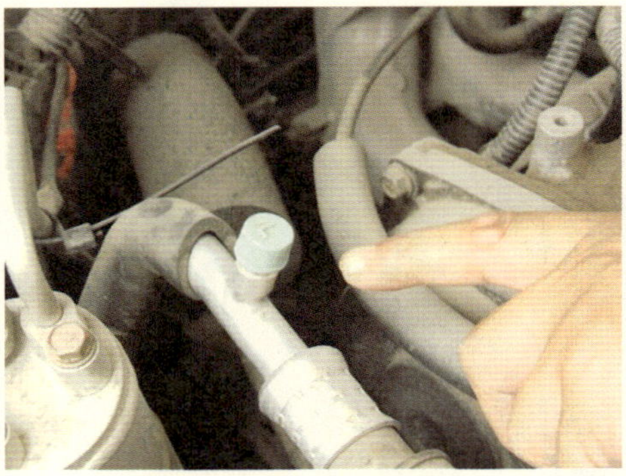

塑料盖子“L”标记

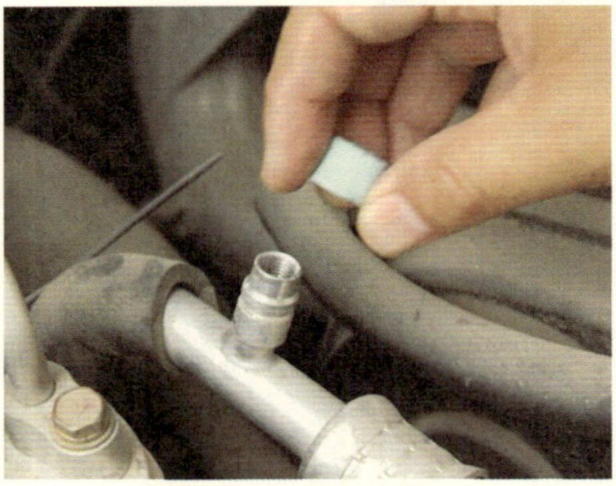

打开“L”塑料盖子

压力为33Psi（228kPa）低于标准值，应加注制冷剂

加注制冷剂

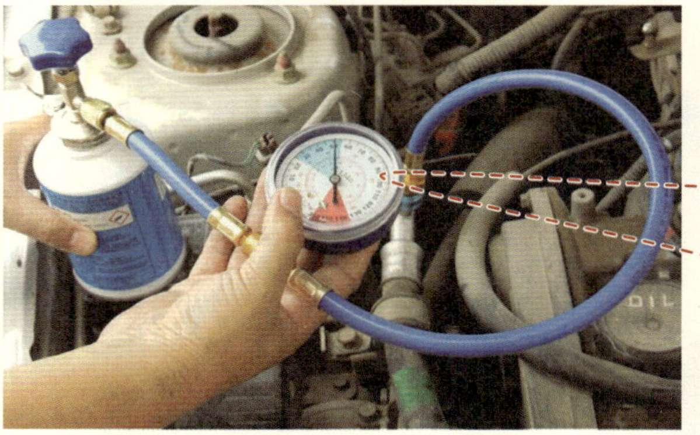

加注至标准值

压力为50Psi（345kPa）标准值范围内

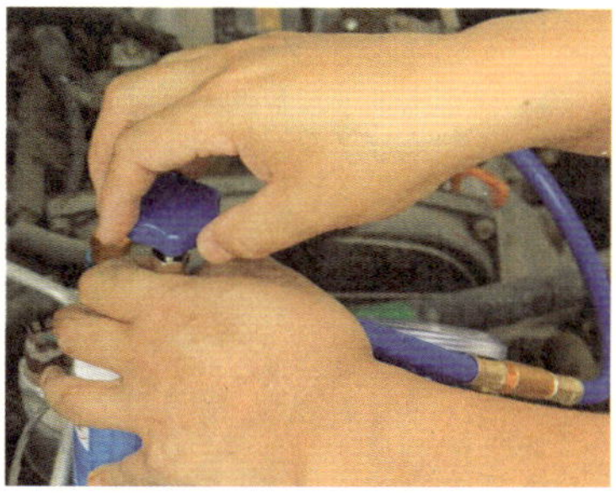
顺时针转动开瓶阀

5）从视液镜处观察，确认系统内无气泡、制冷剂符合要求，参见前面“检查制冷剂量”。

6）将发动机转速调至2000r/min，空调内低压侧压力应为21 Psi（约147kPa）～28 Psi（约196kPa）。

检查低压加注口

7）加注完毕之后，迅速将制冷剂加注工具从空调低压加注口上拆下，然后在低压加注口喷上泡沫水进行检查，确保无制冷剂泄漏即可。

8）重新盖上“L”塑料盖，加注工作结束。

重新盖上“L”塑料盖

Tips 车主常识

用手触摸空调高压管路和低压管路，仔细感觉它们的温度。在空调工作正常的情况下，高压管路的正常温度大约在50～60℃之间；低压管路的温度大约在5～6℃之间，否则说明空调效果变差。如果是制冷剂不足的问题应加注制冷剂，而其他难度大的问题应送去专业维修机构进行维修。

四、音响机芯的保养

汽车音响的CD无法正常播放是车主经常碰见的问题之一。解决此类问题需要对音响机芯进行保养。

音响机芯的保养工作比较简单，主要是对音响机芯进行除尘、清洁等。对电子维修感兴趣的车主及驾驶人一般可以自己解决，节省了维修费用。

1.音响机芯保养的工具和材料

购买专用的清洁剂或一套音响机芯清洁套装，拆卸工具（一套螺钉旋具）。

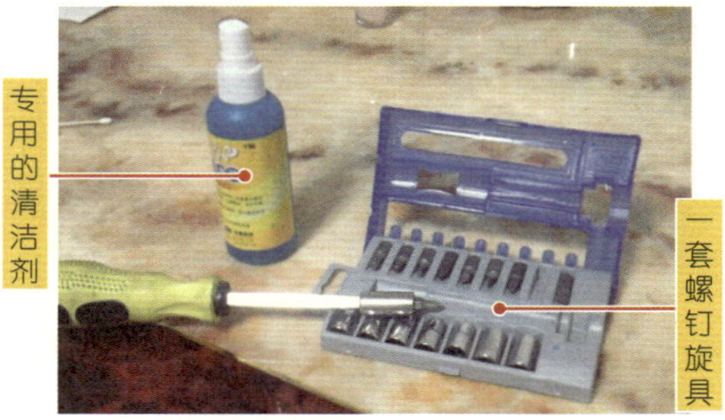

音响机芯保养的工具和材料

2.音响机芯保养方法

车主在保养音响机芯之前，应查阅车主保养手册或汽车维修手册，了解操作的步骤及注意事项，主要有以下两种方法。

(1) 车下保养

1）关闭点火开关。

2）小心地从控制面板上拆下音响总成。

3）从音响总成上拆除其他附件，找到音响机芯的激光头位置。

拆开音响总成

找到音响机芯的激光头

4）用沾有清洁剂的棉签小心地擦拭激光头上的灰尘和污渍。

5）重新将音响总成装复，然后在音响总成上插好插头，开启音响系统确保工作正常后再装回控制面板内，如有异常则要送到专业维修厂进行维修。

6）按照与拆卸相反的顺序安装好音响总成，再次开启音响系统确保其正常播放即可。

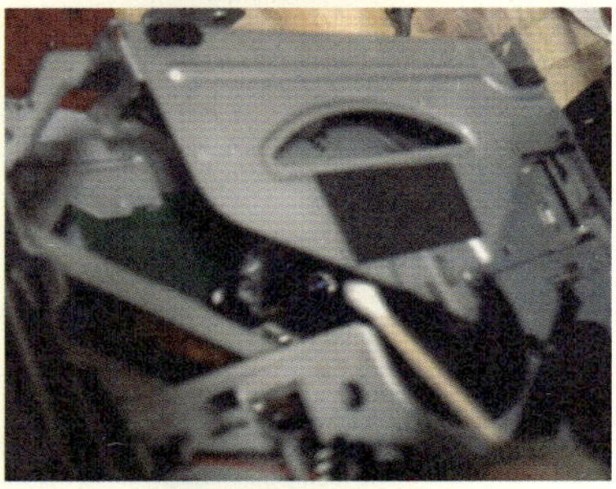

擦拭激光头灰尘

安装好音响总成

(2) 就车保养

使用时按照音响机芯清洁套装的使用说明书进行操作，一般方法如下。

1）将清洁瓶盖上的毛刷浸入清洁液中，然后将其轻轻涂在清洁片的两面上。

2）将清洁片放入音响系统中，然后启动音响进行播放。当清洁完成后取出清洁片即可。

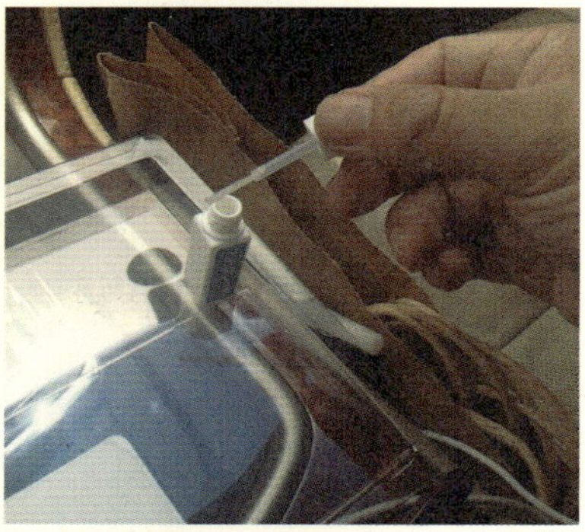

涂抹清洁液

清洁片放入音响系统

Tips 常见问题解答

（1）收音机信号弱怎么办?

检查接收天线是否脱落、天线插头是否插接牢固，如果问题还没有解决就应该找维修人员进行检修。

（2）音响面板的按键偶尔不起作用怎么办?

如果出现此类问题，主要原因是某些按键的导电橡胶有一层污物而使其接触不良，或金属弹片疲劳、触点短路，选一块厚度相当、弹性良好的金属弹片，剪成与原弹片相同的形状，按原位安装即可。

（3）光碟脏污怎么办?

将清洁剂喷涂在光碟正面，然后用专用擦拭纸或眼镜布进行擦拭即可，也可使用干净柔软的布块清洁光碟。

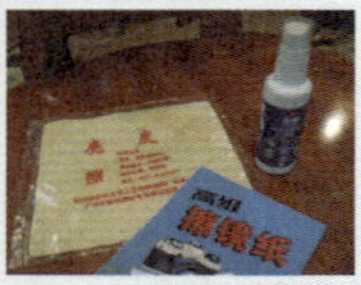

光碟清洁套装

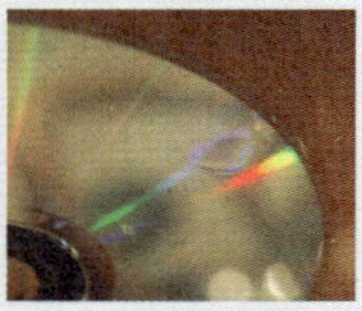

给光碟喷涂上清洁剂

五、更换灯泡

汽车灯泡是汽车的易损零件，及时更换维护至关重要，因为这不仅影响到行车的舒适性，而且还直接关系到行车的安全性。更换灯泡的工作十分简单，车主及驾驶人可以自行更换。

1.更换外部灯泡

汽车外部灯泡包括前照灯（近光灯、远光灯）灯泡、各种车尾灯灯泡等，它们的更换方法如下。

(1) 外部灯泡拆装方法

1）前照灯灯泡可以从壳体的后面拆装。

2）可以打开行李箱盖，然后从车尾灯壳体后面拆装车尾灯灯泡。车尾灯总成有许多灯泡，要找到对应损坏的灯泡进行拆装。

3）有些汽车车尾灯使用的是二极管作为制动和转弯信号灯，对于此类灯应整体更换。

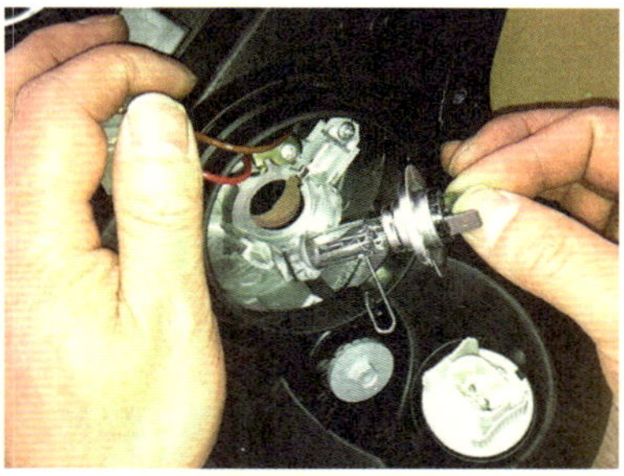

更换前照灯灯泡

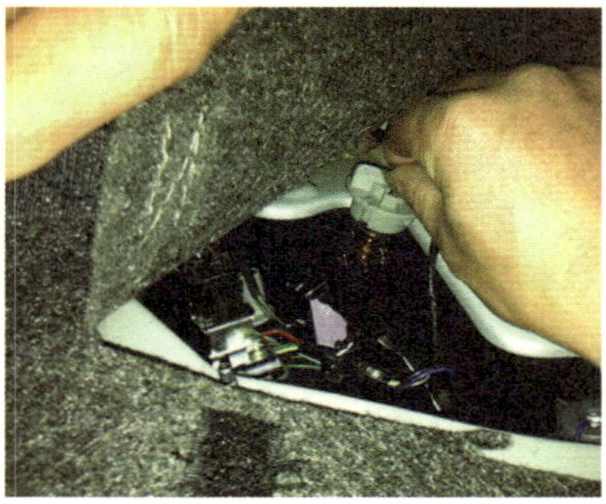

更换车尾灯灯泡

(2) 外部灯泡型号和零件编码

灯泡底部有型号和零件编码标注，也可以查阅车主保养手册找到灯泡的型号。

2.更换内部灯泡

汽车内部灯泡包括顶灯灯泡、车门灯泡及行李箱灯泡等，大多数灯泡是插在插座内，被弹簧卡子固定在正确的位置上，它们的更换方法如下。

1）拆下灯罩。

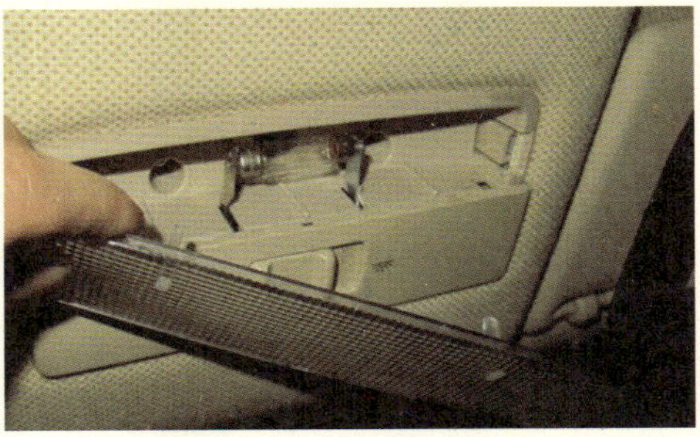

拆下灯罩

2）小心地拆下旧的灯泡。

3）将旧的灯泡与新灯泡对比，如果型号一致，将其安装上；如有疑问，则重新购买型号一致的灯泡后再换上。

4）重新装上灯罩，如果灯泡不亮应排除线路故障。

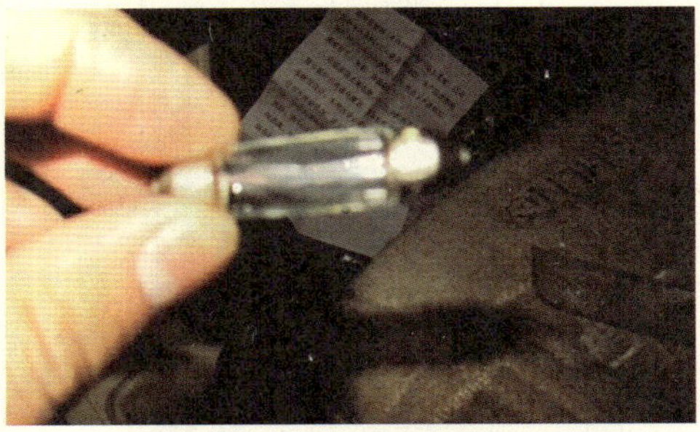

灯泡

六、更换熔丝

熔丝主要起到保护电路及用电器的作用，如果电路中电流过大或短路，熔丝最先熔断。

1.检查熔丝

1）车主在没有测试灯的情况下，可以通过观察熔丝外观来判断熔丝是否正常，如果发现熔丝内有断开的情形，表明熔丝已经烧坏应更换；如果没有，则为正常状态可以继续使用，应检查电路的其他问题。

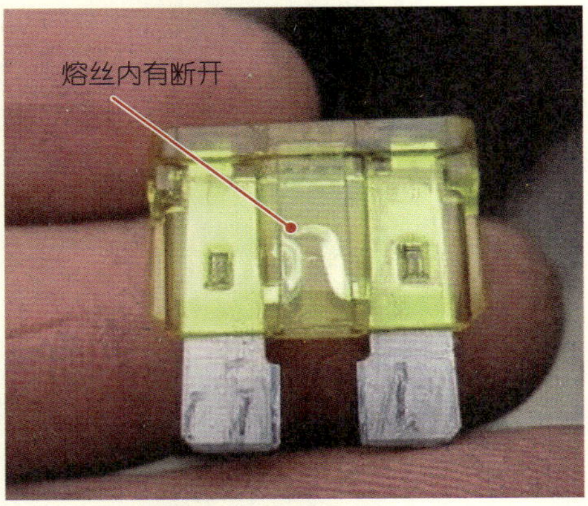

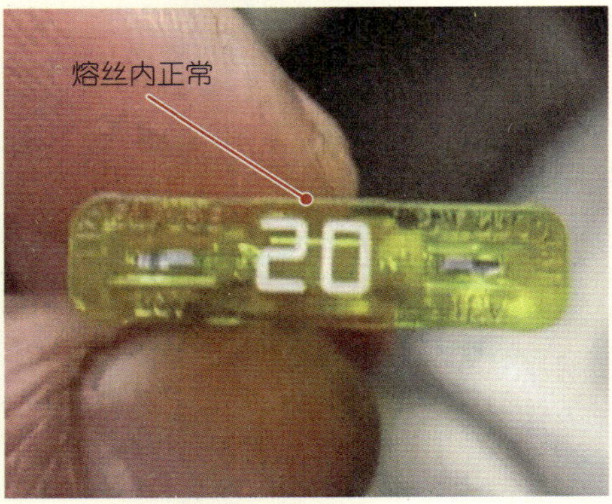

2）有测试灯的情况下可以用测试灯的一端分别接触熔丝的两个端子，测试灯另一端接地。如果测试灯接触熔丝一端亮，另一端不亮，说明熔丝烧坏；如果接触熔丝两个端子均亮，说明熔丝正常。

用测试灯测试熔丝

2.更换熔丝的方法

汽车的熔丝大多数集中安装在熔丝盒内，更换熔丝方法如下。

1）识别正确的熔丝，在每个熔丝盒盖内有一张熔丝系统的印刷图或熔丝的序号，通过它可以准确识别每个具体系统的熔丝。

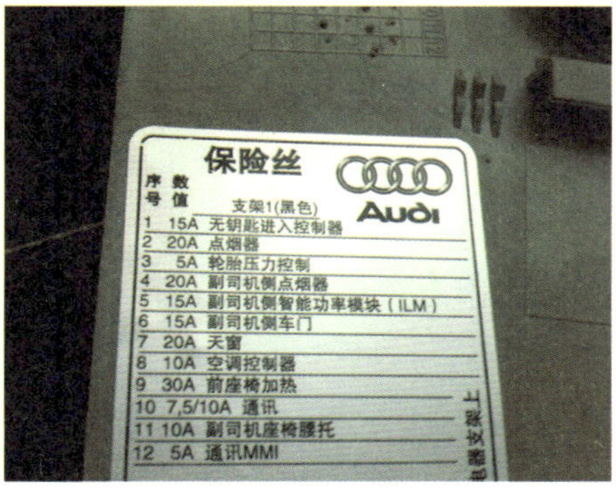

熔丝盒盖内熔丝的序号

2）拆卸熔丝前一定要关闭点火开关，然后借助熔丝盒内的专用工具拆卸熔丝。

3）用相同规格的熔丝进行替换，如深橘色的为40A（安培），绿色的为30A，无色透明的为25A，黄色的为20A，蓝色的为15A，红色的为10A，橘黄色的为5A。

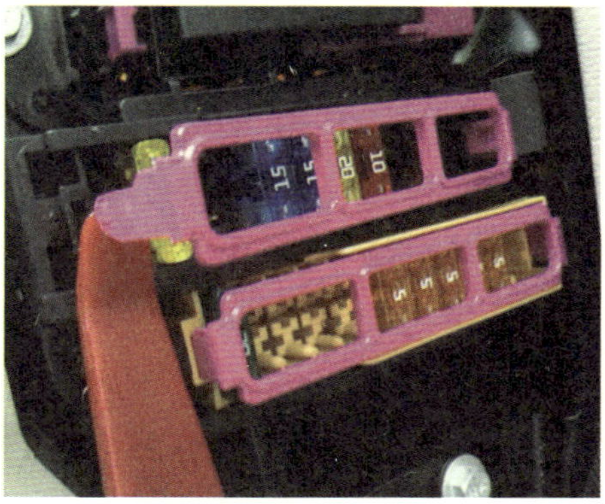

撬开保护架

拆装熔丝

Tips 注　意

如果换上去的熔丝在打开点火开关后马上又烧断，说明电路已发生短路故障，要请专业人员排除故障后再装上熔丝，千万不能用加大熔丝规格的方法来处理，否则极有可能引起火灾。

第六章　车身的保养

在日常生活中经常保持车身清洁，不仅让汽车变得美观，而且还能防止车身喷涂层过早老化和损坏，避免了高额的车身翻新和维修费用。

本章介绍一些车主能够动手操作的车身保养项目，是非常实用和省钱的措施，以供车主学习。

一、车门附件的保养

一般在门锁和车门铰链上均涂有一层润滑油，时间久了容易粘灰尘而形成油泥，甚至会导致门锁部件磨损，造成车门打开困难。因此，要经常清除车门锁和车门铰链上的油脂或油泥。

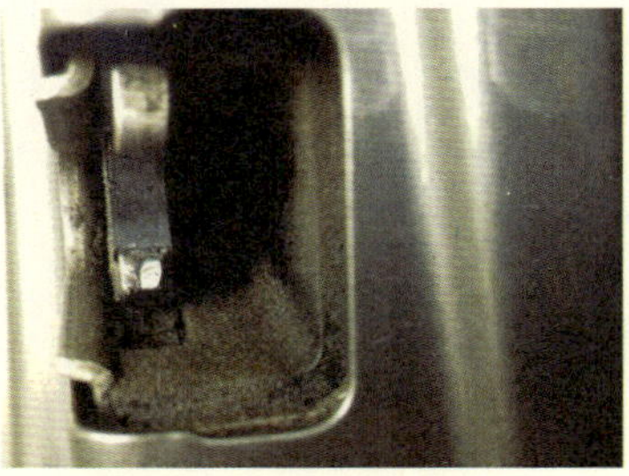

车门锁粘有灰尘

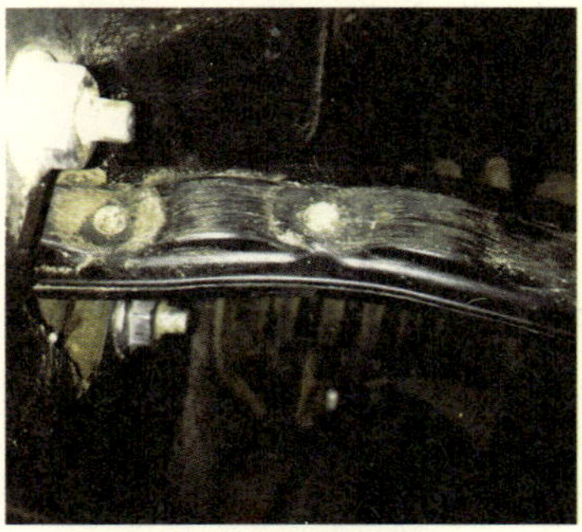

车门铰链粘有灰尘

1.车门附件保养的工具和材料

准备专用的清洗剂1瓶、润滑油或润滑脂、棉布、一字螺钉旋具等工具，这些工具和材料车主均可以从汽车用品店购买到。如果不清楚专用的清洗剂的品牌，可以咨询销售人员。

专用的清洗剂

2.车门附件的保养方法

车门附件的保养十分简单，一般方法如下。

(1) 车门锁的保养

1）先将专用清洗剂直接喷在车门锁有灰尘的位置，等待大约5min左右，然后用一把一字螺钉旋具将棉布塞到车门锁缝隙里擦拭干净油泥。

2）重新清洗，直到车门锁干净为止，必要时可以再次喷涂上润滑脂。

3）重复以上步骤将其他车门锁清洁干净。

直接喷上专用清洗剂

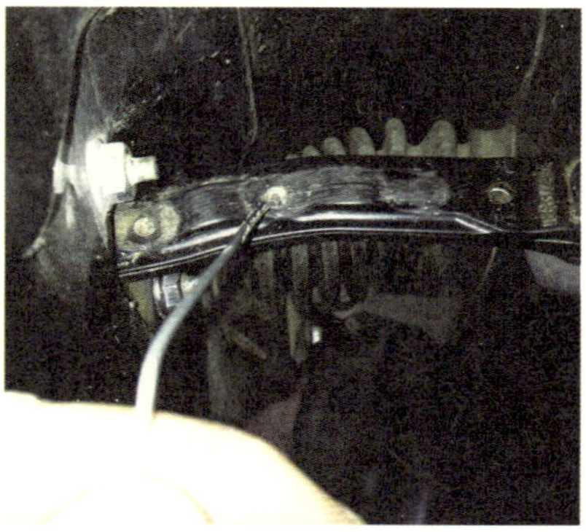

清理干净车门铰链的油泥

擦拭干净油泥

涂抹上润滑脂

清洗干净车门锁

(2) 车门铰链的保养

1）用一根铁丝或等同的工具将车门铰链的油泥清理干净。

2）在车门铰链上涂抹上润滑脂。

3）重复以上步骤对其他车门铰链进行保养。

二、天窗的保养

由于天窗导轨上涂抹的润滑油容易粘灰尘而形成油泥，甚至会导致天窗部件磨损，造成天窗打开困难。因此，要经常对天窗进行保养，定期疏通天窗排水管等。

天窗导轨脏污

1.天窗保养的工具和材料

准备专用的润滑还原剂1瓶、1把毛刷、润滑脂、棉布等工具，这些工具和材料车主均可以从汽车用品店购买到。如果不清楚专用的润滑还原剂的品牌，可以咨询销售人员。

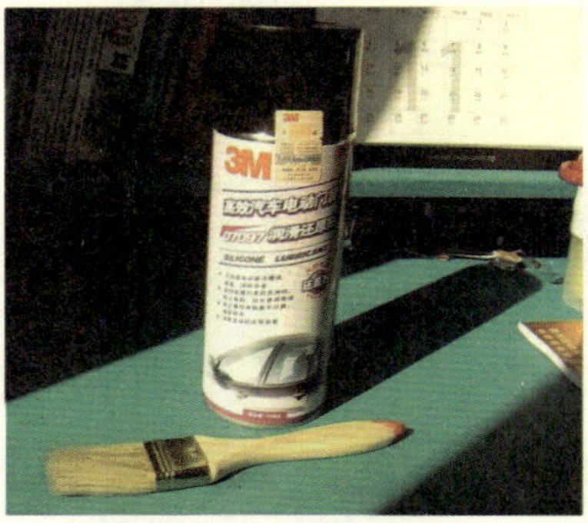

专用的润滑还原剂和毛刷

润滑脂

2.天窗保养方法

(1) 检查排水管

用清水灌注排水槽，检查排水管是否通畅，如果水流不顺畅说明排水管堵塞，必须进行疏通处理。但要注意切勿倒水过猛导致水从水槽内溢出。

(2) 保养天窗

1）用毛刷将天窗的导轨及密封条上的尘土、润滑脂等脏污全部清理干净。

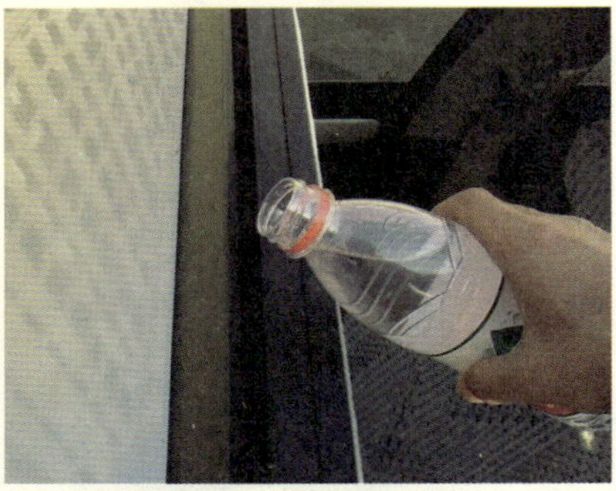

检查排水孔

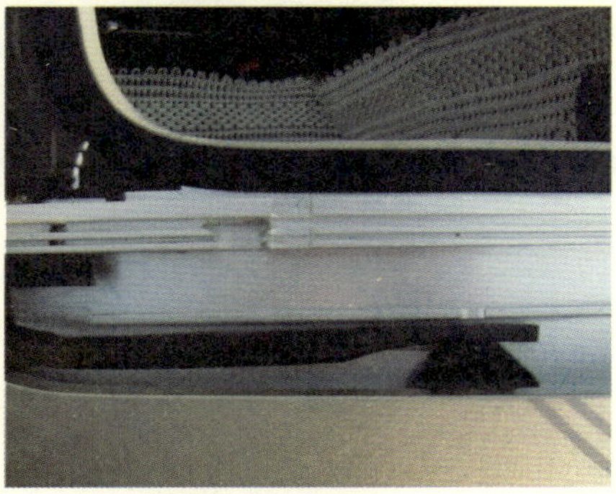

清理天窗导轨的脏污

2）对于天窗橡胶密封条的保养，主要是喷涂润滑还原剂。

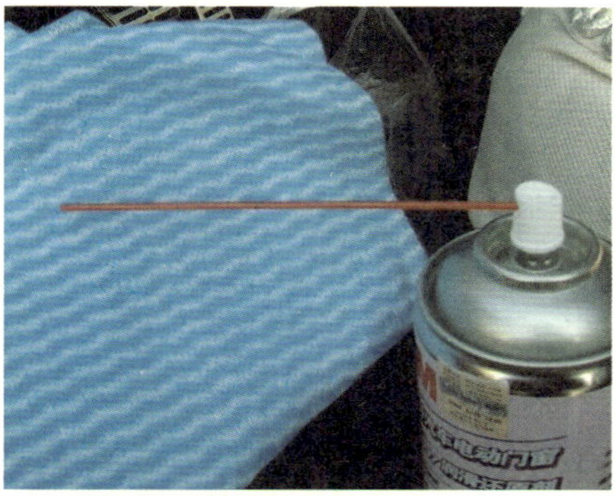

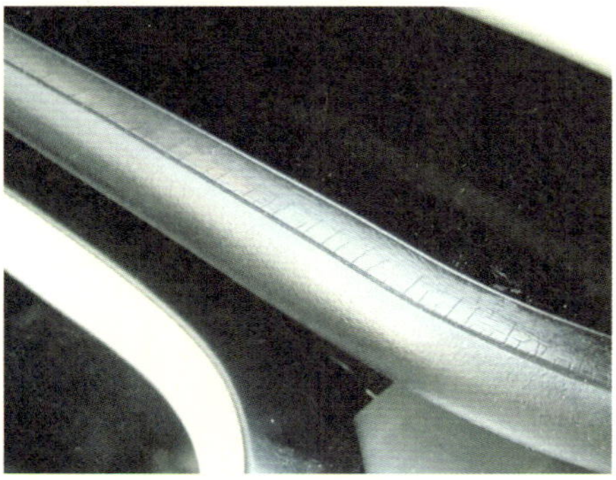

天窗橡胶密封条的保养

3）最后在天窗导轨上涂抹润滑脂。在完成导轨的润滑后，将电动天窗开关几次，没有任何异常即可。

三、车窗的保养

车窗的保养主要是对车窗的塑料胶条进行清洁，确保车窗玻璃升降正常，没有异响。

1.车窗保养的工具和材料

准备专用的塑胶保护剂1瓶、棉布等工具，这些工具和材料车主均可以从汽车用品店购买到。如果不清楚专用的塑胶保护剂的品牌，可以咨询销售人员。

车窗保养的工具和材料

2.车窗的保养方法

1）用棉布将每个车窗的塑料胶条及导轨内的灰尘清理干净。

2）将塑胶保护剂均匀地喷涂到每个车窗的塑料胶条及导轨内即可。

喷涂塑胶保护剂

四、汽车清洗和打蜡

汽车一般情况下一周清洗一次最好，清洗不宜过频，频繁清洗会加速车身喷涂层氧化。一般新车购回5个月内都不必打蜡；对于有车库停放，多在良好道路上行驶的汽车，每3～4个月打一次蜡；露天停放的汽车，由于风吹雨淋，最好每2～3个月打一次蜡。车主一般以手工清洗和打蜡对车身进行保养。

1.汽车清洗和打蜡的工具和材料

从汽车用品店购买专用的汽车清洗和打蜡用品，不清楚时可以咨询销售人员。此外，车主还可选购轮胎保护剂，洗完车后将其刷在轮胎侧壁上，可以防止轮胎老化。注意千万不能使用洗餐具或衣物的洗涤剂，因为它们会对漆面产生损坏。

汽车清洗和打蜡的工具和材料

2.汽车清洗

1）找到阴凉的地点，避免直射的阳光将车身表面快速晒干。

2）用低压水冲洗车身，将车身表面的灰尘和污物冲洗干净。

3）冲洗时从车顶开始向下清洗，整个过程当中始终由一个方向向另一边的斜下方冲洗，尽量避免正向或反向冲洗，以免将泥沙冲回已经冲洗干净的部位。

4）用专用的洗车手套或洗车海绵沾汽车清洗剂清洗车身表面。根据需要也可以重点清洗车身局部脏污的位置。

5）再次用清水将车身表面的泡沫或污物冲洗干净。

6）用一块半湿性大毛巾将整个车身从前至后先预擦一遍。当擦完一遍后，应取出一干一湿两块毛巾，用半湿性毛巾擦净车门边、发动机罩盖、行李箱边沿及油箱盖内侧的泥沙后，再用干毛巾擦干前面所留下的水痕。

冲洗车身

用毛巾擦干车身

3.汽车打蜡

1）彻底清洗和擦干车身。

2）按照说明涂抹抛光剂或车蜡。

3）等待蜡层涂匀半干或5～10min后，用棉毛巾来回擦拭进行手工抛光。

4）将车身缝隙里的多余车蜡小心刷掉。

涂抹抛光剂或车蜡

手工抛光

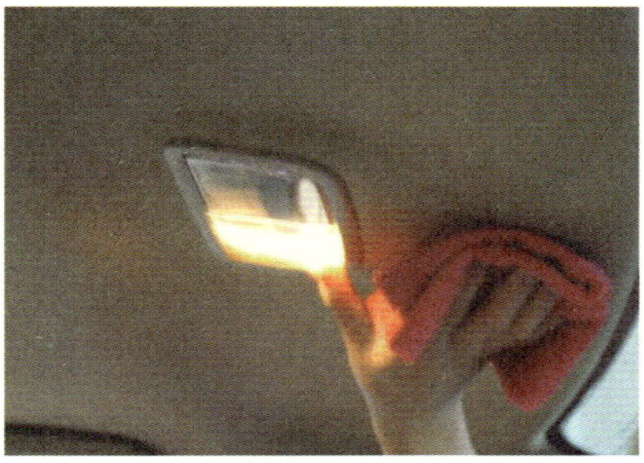

清洗顶棚

五、汽车内部清洗

汽车内部清洗是为了使汽车内部清洁，驾驶时心情更加愉快。汽车内部清洗工作非常简单，但清洗时一般要遵循自上而下的顺序，即从顶棚到仪表板、从座椅到地毯等。

1.清洗顶棚

1）准备好专用的泡沫清洗剂。

2）先把座椅弄倒，再用毛巾或椅套盖住，防止被顶棚滴下来的灰尘、水或清洁剂污染。

3）用鸡毛掸掸去顶棚浮灰，有条件的车主可以用吸尘器除尘。

4）从前往后向顶棚喷上少许泡沫清洗剂，湿润半分钟，然后用干净的刷子进行刷洗，顺其纹路方向擦拭。特别脏的地方可以反复进行。

Tips 注 意

由于顶棚内的填充物是辐热吸音材质，具有很强的吸水能力，清洁时一定要用稍干一些的抹布，否则会使清洁剂浸湿顶棚内材料，很难干燥。

2.清洗仪表板

1）仪表板上各种仪表和按钮比较多，且结构凸凹不平，清洁起来比较困难。所以应根据各部位的不同特点，使用不同的工具，如自制毛刷等。

2）仪表板的清洗首先应做好除尘工作，同时应注意只能使用泡沫清洗剂，仪表板通常都是一些灰尘和油污，只需喷上一些泡沫清洗剂，然后用软布擦洗干净。

3）根据需要，还可以在仪表板上喷洒一层仪表板蜡，起保护作用。

清洗仪表板

3.清洗座椅

1）喷上泡沫清洗剂稍停留片刻，然后用干净毛巾折叠成方形，或握成柱状，用力挤压污处，再从四周向中间仔细擦拭，直到除去污迹。

2）处理干净后用另一块干净的棉布顺

绒毛方向抹平，使其恢复本来面目。

3）根据需要，还可以在座椅上喷洒一层专用的护理剂，起保护作用。

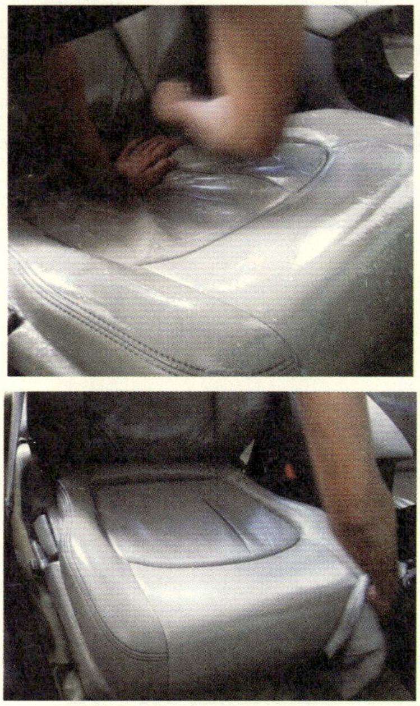

清洗座椅

4.清洗地毯

有条件的情况下，车主可以用吸尘器进行清洁，在没有的情况下可以用泡沫型的清洗剂浸泡地毯，再用毛刷刷洗。

清洗地毯时应注意不能用水清洗，地毯干燥后应用刷子将毛膨起。另外，要保持地毯毛干燥，否则天长日久会造成地毯霉烂和地板锈蚀。

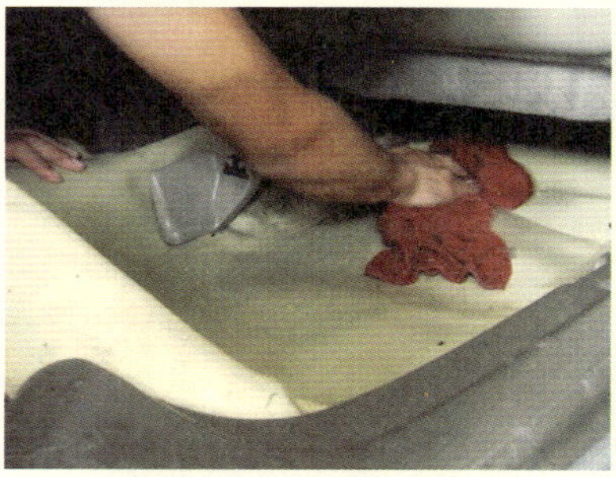

清洗地毯

5.清洗真皮装饰板

对于汽车内部真皮装饰板表面的清洗，应使用真皮护理液按照说明进行操作。先在一个不明显的部位进行清洗试验，如没有出现褪色情况，则继续对该部位进行清洗。

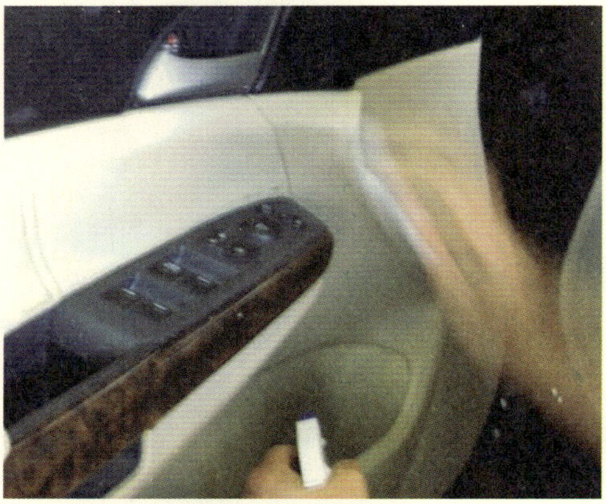

清洗真皮装饰板

六、车身刮痕和凹陷修复

1.车身刮痕修复

1）检查车身刮痕情况。如果车身刮痕是表面痕迹，可以从汽车用品店购买刮痕蜡进行抛光即可去除。如果车身刮痕深入到底漆层，则需要重新喷漆。

2）根据发现的车身刮痕类型选择修复产品，然后按照说明书进行操作即可。

用刮痕蜡进行抛光以修复刮痕

2.车身凹陷修复

1）检查车身凹陷情况。对于没有伤及到漆面的凹陷，车主可以购买一套“车身凹陷修复工具”，并按照说明进行操作。但对于大面积凹陷，必须送到专业的维修机构进行修复。

2）对于无法修复的凹陷，则应整块车身面板一起更换。

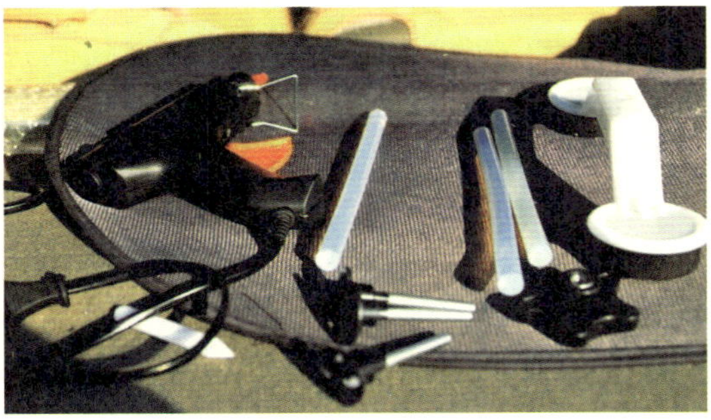

车身凹陷修复工具

车身凹陷修复过程

七、车内异味的清除

汽车车内由于不通风容易产生异味，特别是夏季车内经常有令人不舒服的味道，车主学会车内异味的清除非常重要。

1.寻找原因

产生异味的原因有很多，比如不小心掉在车室角落的食物，或者洒出的甜品饮料，再或者拿着湿了的雨伞随意放在脚下，汽车后座任意丢放的鞋子或者被汗浸湿的汗衫，时间久了就会产生异味。还有空调，只要一打开就有源源不断的霉味冲出来。因此，要找出是什么东西散发的异味。

1）打开车门，打开鼓风机，让异味尽快消失，如果依旧不能散去，则继续检查。

2）确定气味类型。确定气味是霉味、腐烂、芳香，还是其他味道。

3）确定异味的位置。通过鼻子闻来判断异味是否在前座、后座、行李箱、地毯下、杂物箱、空调出风口等位置。

2.清除异味的方法

1）定期清理车室和行李箱，不要把不

干净的鞋、湿乎乎的衣服、脏抹布等长期放在车内。杂物箱、烟灰缸等要经常清洁，在车厢内吸烟时要关闭空调而打开车窗。随时记着把放置在车内的水果或者容易变质的食物随身带走。此外，要定期清洗汽车内部，参见前面“汽车内部清洗”。

2）如果是从汽车的空调里吹出霉味，就需使用专用空调清洁剂，直接从出风口向内喷，即可清除霉垢、去除异味。

3）如果车室内部已经清除了发出异味的根源，然后打开所有的车窗并起动鼓风机，让其至少通风30min以上。必要时可以使用专用除臭剂直接喷洒在车室内，接着开启冷气内循环功能，让专用除臭剂在车室循环即可将臭味消除。

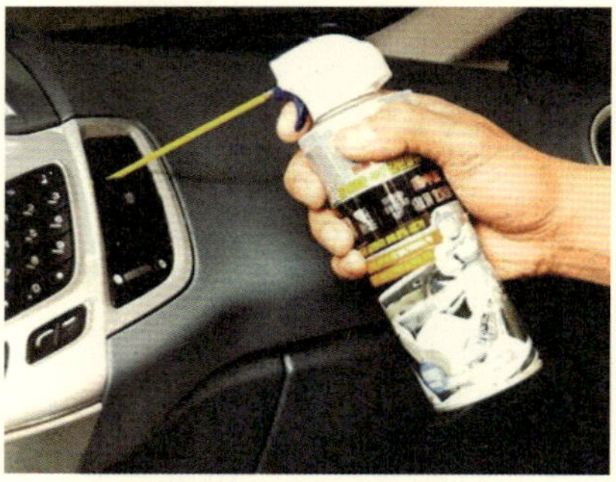

清洁空调系统

喷洒专用除臭剂

4）如果是车内的香水味道太浓烈，这样会跟霉味混合出一种更难闻的味道。尤其是柠檬味的香水，这类香水多数呈酸性，散发出来后聚集在空调蒸发器，就容易发霉变质，反而更容易产生异味。建议夏天最好选用中性的、味道较淡的香水。

5）如果异味来自发动机舱，则需要定期对发动机舱进行清洗保养。

6）如果气味来自行李箱，则打开行李箱盖并清除所有的异味物品，必要时对行李箱的地毯进行干洗。

第七章　汽车保险的事项

汽车保险是承担机动车由于自然灾害或意外事故所造成的人身伤亡或财产损失的赔偿责任的一种商业保险。熟悉各种汽车保险的作用，并正确购买，使保险公司能对汽车在使用过程中的各种风险及损失进行承担，是非常必要的。

一、汽车保险种类

汽车保险一般包括基本险和附加险两部分，其中基本险又分为车辆损失险和第三者责任险，具体内容如下。

种　类		内　容
基本险	第三者责任险（交强险）	保险公司对被保险车辆发生道路交通事故造成本车人员、被保险人以外的受害人的人身伤亡、财产损失，在责任限额内予以赔偿的强制性责任保险
	车辆损失险	负责由于自然灾害或意外事故造成的被保险车辆自身损失的赔偿责任
附加险	商业第三者责任险	负责被保险车辆在使用中发生意外事故造成他人（即第三者）的人身伤亡或财产的直接损毁的赔偿责任
	盗抢险	负责被保险车辆因被盗窃、被抢劫、被抢夺造成车辆的全部损失，以及期间由于车辆损坏或车上零部件、附属设备丢失所造成损失的赔偿责任
	车上责任险	负责被保险车辆发生意外事故造成车上人员的人身伤亡和车上所载货物的直接损毁的赔偿责任
	车载货物掉落责任险	承担被保险车辆在使用过程中，所载货物从车上掉下来造成第三者遭受人身伤亡或财产的直接损毁而产生的赔偿责任
	玻璃单独破碎险	承担被保险车辆在停放或使用过程中，其他部分没有损坏，仅玻璃单独破碎损失的赔偿责任
	自燃损失险	车辆因电路、线路、供油系统发生故障以及因运载货物自身原因起火燃烧造成被保险车辆的损失，这些损失由本险种负责赔偿
	新增加设备损失险	车辆发生事故造成车上新增设备的直接损毁，由保险公司按实际损失计算赔偿。未投保本险种，新增加的设备的损失，保险公司不负赔偿责任
	不计免赔特约险	车辆发生车辆损失险或第三者责任险的保险事故造成赔偿，对应由被保险人承担的免赔金额，由保险公司负责赔偿
	无过失责任险	撞人或车后，被保险车辆一方无过错，不应承担赔偿责任，但出于某种原因，实际已经支付了对方而无法追回的费用，由保险公司负责赔偿
	车身划痕损失险	投保了机动车损失保险的机动车，可投保车身划痕损失险

二、汽车保险的购买

1.选择服务质量优的保险公司

一般各家保险公司的条款和费率上没有差异，因为同一个地方的各家保险公司执行的都是中国保险监督管理委员会颁布的统一车险条款和费率。也就是说，各保险公司承担的责任范围和价格是一样的，仅是在投保和索赔时一些细节规定略有不同。

但各家保险公司提供的投保服务和理赔服务存在一定的差异，选择信誉好、服务质量优的保险公司应是投保时首要考虑的因素。

2.正确选购汽车保险种类

通常情况下交强险、车辆损失险、商业第三者责任险、不计免赔特约险都建议购买，其他的险种可以根据汽车的价格、所在地区、使用年限、使用人员等因素来酌情购买，从而达到保险的经济性和保障性。以下选购汽车保险种类的方法仅供参考，应根据自身需要选择，还可以咨询保险销售人员。

(1) 经济型和中高级品牌车型选购汽车保险方法

1）经济型车辆一般建议购买交强险+车辆损失险+商业第三者责任险（10万~20万元）+不计免赔特约险等，旧车还建议购买自燃损失险。

2）中高级品牌车辆建议购买交强险+车辆损失险+商业第三者责任险（20万元）+盗抢险+车身划痕损失险+玻璃单独破碎险+不计免赔特约险等，旧车还建议购买自燃损失险。

(2) 新手和老手的驾驶人选购汽车保险方法

1）对于新手，一般建议购买交强险+车辆损失险+商业第三者责任险（20万元）+车身划痕损失险 +不计免赔特约险等。此外，还应根据地区不同再补充一些特定保险。

2）对于老手，一般建议购买交强险+车辆损失险+商业第三者责任险（10万元）+不计免赔特约险等。此外，还应根据地区不同再补充一些特定保险。

车险保费测算表

报价日期：　　年　　月　　日　　　　　　　　　　单位：元

车辆性质	家庭自用汽车			车牌号码	
新车购置价	170000	座位数	5	初登日期	
投保人名称				起保日期	
备注信息					
投保险别	保险金额	标准保费	折扣率	优惠金额	实收保费
车损险	170000	2861	5.00%	143.05	2717.95
商业三者险	500000	1602	5.00%	80.1	1521.9
交强险	122000	950	0.00%	0	950
车上人员责任险	100000	290	5.00%	14.5	275.5
盗抢险	170000	970	5.00%	48.5	921.5
玻璃单独破碎险		323	5.00%	16.15	306.85
不计免赔特约		992.45	5.00%	49.62	942.83
车身划痕损失险	5000	570	5.00%	28.5	541.5
合计项		8558.45	4.44%	380.42	8178.03

中高级品牌车辆保险种类选择

三、汽车保险的理赔

1.一般保险理赔流程

若不幸发生道路交通事故，驾驶人必须立即停车，积极保护现场，抢救伤员和财产，迅速向公安机关报案，并通知保险公司。保险公司将及时派出专业人员赶赴现场协助处理事故，实施救援，调查分析事故原因，核定事故损失，待事故处理完毕后，即可带齐有关单证向保险公司索赔。若发生车辆被盗抢或其他非道路交通事故，请及时向当地公安机关（如派出所、巡警）报案，同时通知保险公司。

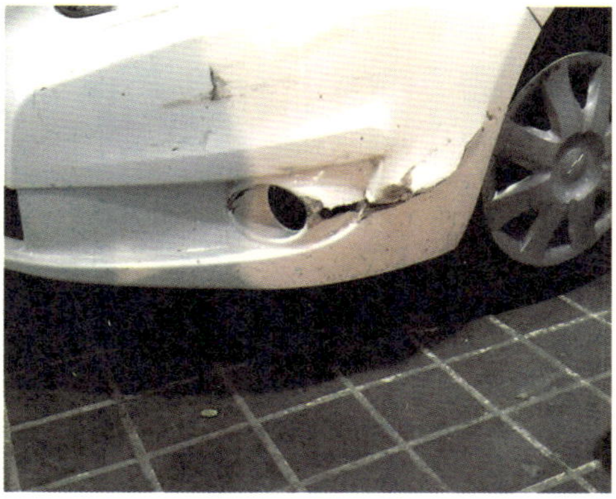
道路交通事故现场

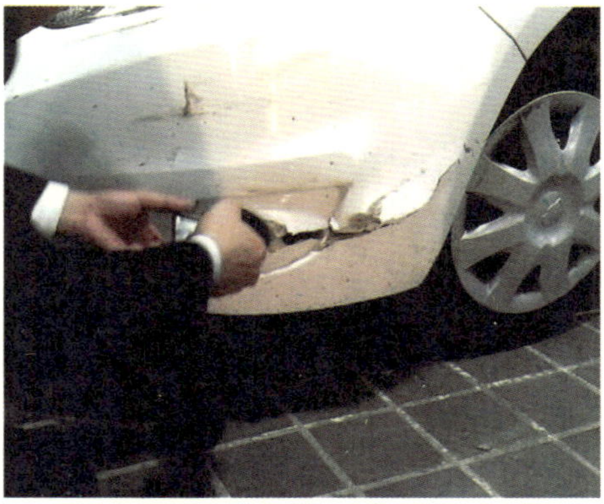
保险公司专业人员拍照取证

2.快速处理流程

1）出险后先打122报警，由交警处理事故，在1000元之内，交警会当场开具《机动车交通事故快速处理协议书》。

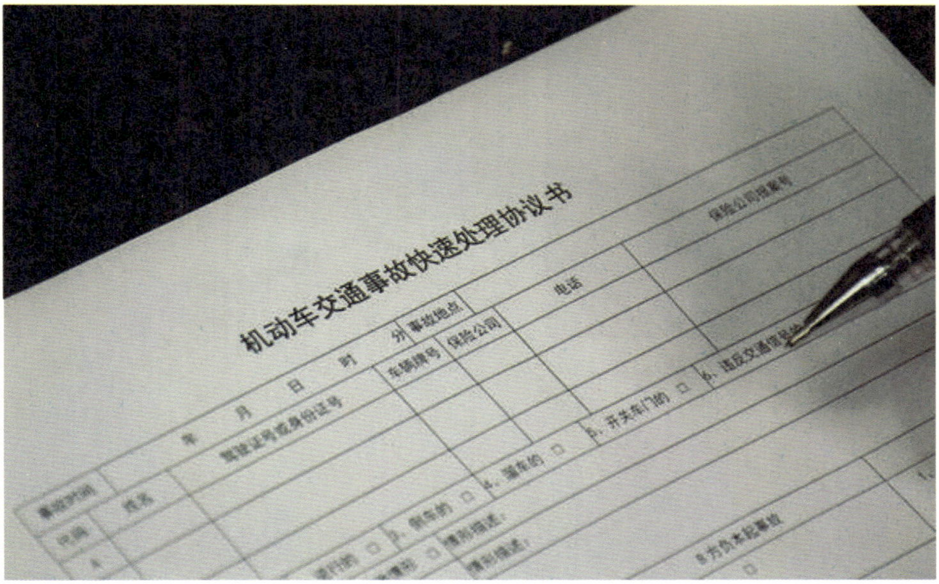

开具《机动车交通事故快速处理协议书》

2）在48h内打保险公司电话报案并领取报案编号，到保险公司指定的定损网点进行定损，或与保险公司约定时间及地点后，由保险公司定损员定损，然后进行车辆维修。

3）将《机动车交通事故快速处理协议书》和保单正本复印件、有效的驾驶证复印件、身份证复印件、行驶证复印件、维修发票、维修清单和《出险通知书》（企业盖章、私人签字）递交保险公司。

4）收到保险公司通知后，在约定日期凭被保险人的身份证原件到保险公司领取理赔金。

向保险公司电话报案并领取报案编号

定损车辆

3.特殊处理流程

1）物损超过1000元的，出险后先打122报警，交通警察按照程序处理，同时将车辆集中停放在交警指定的停车场。

2）24h后当事人到交警队处理事故，然后打保险公司电话报案并领取索赔编号。

3）事故处理完毕或责任认定后，交通警察填写《交通事故认定书》，车辆由本人领取移动至修理厂，保险公司派专人到修理厂进行定损。保险公司拍照、定损后进行车辆维修。

停放在交警指定的停车场

4）车辆修复后，把双方的维修发票、维修清单、交通事故认定书、保单正本复印件、身份证复印件、行驶证复印件、事故车辆定损单、盖章或签字的出险通知书递交保险公司。

5）收到保险公司通知后，在约定时间内凭被保险人的身份证原件到保险公司领取理赔金。

第八章 汽车年审指南

汽车年审，也称“车辆年检”，就是指每个已经取得正式车牌和行驶证的车辆都必须接受的一项安全技术检测。因此，车主及驾驶人必须懂得相关的知识，避免自己的汽车过了年审有效期而被交警处罚。

一、汽车年审周期

汽车年审周期要以行驶证上注明的日期为准，但大部分汽车均按下面的规定执行。

2010年9月1日（含9月1日）起注册登记的私家车（面包车、7座及7座以上车辆除外）6年以内免检。在此期间，每2年提供机动车交通事故责任强制保险单、车船税纳税或免征证明后，处理完交通违法、交通事故后，直接向公安交管部门申领检验标志。第7年至第15年每年年检一次，第15年之后每半年年检一次。

2010年8月31日之前注册登记的私家车前6年每两年年检一次，第7年至第15年每年年检一次。

二、汽车年审前准备

1.准备汽车年审资料

1）机动车行驶证（正副页）。

2）机动车交通事故责任强制保险单（副本）及车船税纳税证明。其中交通事故责任强制保险在有效期内，如果有效期即将在15天以内到期，一定要先办理续保再年审。

3）车辆识别代号（车架号）拓印。

4）私家车主身份证原件及复印件，如果是单位汽车须带着中华人民共和国组织机构代码原件和复印件及填写《授权委托书》并加盖公章。

5）委托别人代理办理年审的，需提交代理人身份证明及复印件和机动车所有人的书面委托。

6）此外，在年审前查询交通违章记录，如有违规请尽快缴交罚款再年审。交通违章罚款的缴交，可到银行办理交通违章代缴业务即可。

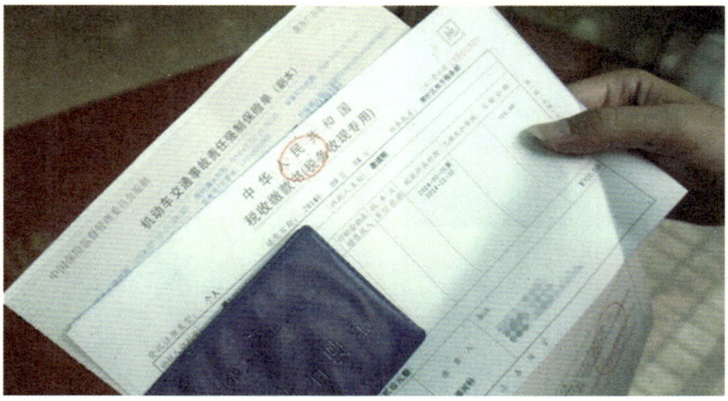

准备汽车年审资料

2.汽车全面检查

(1) 发动机保养

汽车尾气超标是影响汽车年审过关的主要因素，原因包括发动机燃烧不充分、燃油质量差、三元催化中毒、发动机本身内部故障等，所以在日常用车时要经常保养发动机。为了使年审过关，车主最好在年审之前对发动机进行一次全面保养，参见第3章“汽车发动机的养护”。

(2) 检查车辆制动性能

汽车的制动性能是车辆安全性的一个最重要的指标之一，在年审时是一项必须要检查的项目。所以，在年审前需要对制动系统进行养护，参见第4章“汽车底盘的保养”的相关知识。

(3) 检查全车灯光

在年审前需要提前对汽车灯光进行检查。如果灯光过暗，则应查看灯光线路以及灯泡是否老化，必要时更换相关部件。如果改装了氙气前照灯，建议在年审前恢复原车前照灯的状态，以通过检测。

检查全车灯光

(4) 全面清洗汽车

在年审时，工作人员会对车辆的车架号、发动机号以及底盘进行检查。事先对车辆车身、发动机舱、底盘进行清洗能给检测人员提供方便。

(5) 保证汽车与行驶证上的图片外观一致

1）车身上贴大幅的装饰性车贴，或者贴上大幅炫目的车标，都属于擅自改变车身外观的行为，年审前均要清理干净。

2）车身外观必须和原车一致，如车牌的固封、螺钉、刮水器、车漆等部位也要事先做一下自检。而装大包围、尾翼，改排气管，换大轮胎等影响车身外观的外加装置均要在年审前全部拆除并恢复原样。

外观检查

(6) 灭火器和三角警示牌是必备物品

灭火器和三角警示牌都是年检时的必备物品，有些车在出厂时并不随车配备灭火器，所以车主应该自备一个，而且灭火器要在有效期内。三角警示牌一般是随车标配，如果丢失需在年审前配置一个。

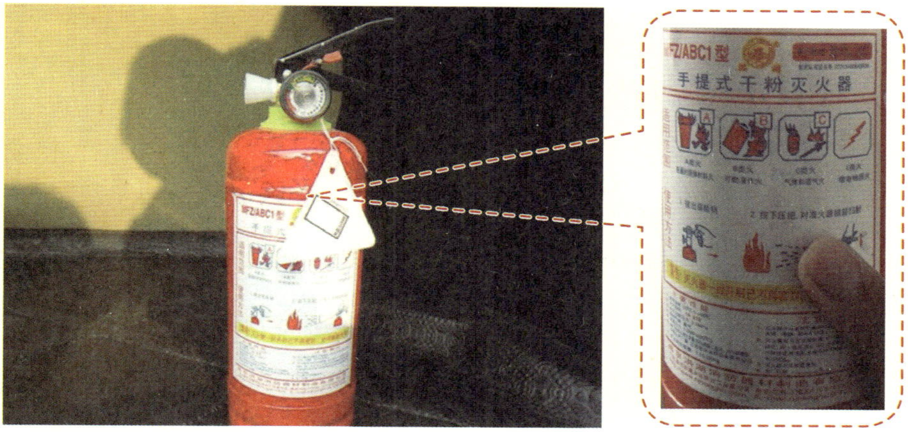

灭火器

三、汽车年审过程

车主到达汽车安全技术检验机构后，首先从“验车指南”了解办理年审的流程，如有不明之处再咨询工作人员。下面以一般检测流程为例进行介绍。

“验车指南”

1.查违章

到查询窗口领取并填写“机动车定期检验申请表”，可凭行驶证去领取。填好表后交工作人员查询有无违章记录，无违章的表上会加盖“已核对，可验车”章，有违章的，拿着违章告知单尽快处理违章。

到查询窗口领取并填写“机动车定期检验申请表”

2.缴费与登录

到登录收费窗口缴纳各种费用，然后由检测站工作人员将汽车的信息登录，准备进行检测。

缴费与登录

3.外观检验

1）工作人员将车辆开到外观检验工位，主要核对车辆号牌、类型、车身颜色、发动机号、VIN代码、车架号是否正确无误，灯光有无破损，车身外观是否符合原样，悬架有无变动，以及天窗、轮胎等情况。最后由检测站工作人员填写机动车安全技术检验记录单（人工检验部分）。

2）由公安交管部门的查验员填写《机动车查验记录表》，同时将拓印纸粘贴在《机动车查验记录表》相应位置上。

4.废气检测

排队等候上线检测，检测前会有工作人员进行初检，主要是核对发动机号与行驶证是否一致，再简单看看外观、车况等。检测时，由检测员开车上线自动检测。

废气检测

5.安全性能检测

安全性能检测包括车速、底盘、侧滑、灯光、制动是否符合标准，所有项目合格才能通过，大概5～10min。

安全性能检测

6.领取检测报告

车主可以从检验员处领取机动车安全技术检验记录单（人工检验部分）、机动车安全技术检验报告及环保检测报告。检测报告内合格的项目打印“0”，不合格的打印“X”。若检测项目全部通过，就可以去办理办理签证手续。如果有不合格的项目，车主要自行修理后再参加复检，直到合格才能去办理签证手续。

7.领取检验合格标志

1）到审核窗口提交合格检测报告及相关资料，交工本费领“机动车检验合格标志”，机动车检验合格标志和机动车行驶证副页上均打印有效期。

2）根据环保标志窗口提示，出示有关证件（包括行驶证、机动车登记证书、环保检测报告、环保标志副本），领取机动车环保检验合格标志。

但是环境保护部、公安部、国家认监委2016年7月21日联合发布“国环规大气[2016]2号”《关于进一步规范排放检验加强机动车环境监督管理工作的通知》，明确不再核发机动车环保标志了，但是规定环保检测合格后才能核发机动车检验合格标志。地方政府还需要根据各地情况出台细则，在细则出台之前，还是按照原来的政策执行。

8.粘贴合格证

将机动车检验合格标志粘贴到车辆指定的位置，下一周期的检测以此时间为依据。此外，如还有机动车环保检验合格标志则一并粘贴。

粘贴合格证

第九章　汽车防火与防盗

目前，汽车使用的各种燃料及防冻液都是易燃液体，一旦着火就会造成汽车火灾，所以汽车防火是非常必要的。随着汽车电子技术的发展，汽车被盗的风险相对降低，但也时有发生，在用车的过程中加强防范即可。

一、汽车防火

汽车火灾一般由汽车碰撞着火、钣金焊接着火或燃油被明火点燃引起。随着汽车使用时间的增加，汽车线路短路引起自燃的情况也较多。

汽车火灾

1.汽车防火方法

1）定期检修线路。因为汽车的线路在使用3~4年后常会出现绝缘层老化、线路电阻增大而发热的现象，容易出现短路。例如蓄电池接线柱因杂质、油污或腐蚀使得接点松动发热，引燃导线绝缘层。当发现绝缘层损坏就要及时更换线束或用绝缘胶布包扎好损坏部位。

线路绝缘层老化

2）定期检修燃油管路。如果发现燃油管出现漏油的情况就要及时更换，否则遇见明火、火花或者发动机高温极易酿成火灾。

3）不要轻易私自改动汽车原有线路。

4）在车内不乱扔未熄灭的烟头。

5）禁止在车内存放烟花爆竹等易燃易爆物品。

6）夜间禁止用明火观察燃油箱存油量或查看蓄电池的充电情况。

7）检查汽车线路时，严禁用短路法进行划火试验。

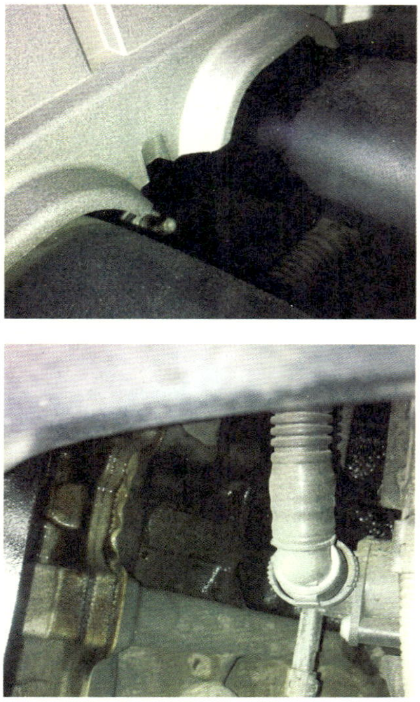

燃油管漏油

8）在行车过程中，当发现发动机舱、车室内有烧焦的味道或烟雾时，应立即停车检查。

9）车内不要放装汽油的塑料桶。

10）如果汽车经常发生烧熔丝的现象，仔细查找原因，切不可加大熔丝规格或用其他金属丝代替。否则，轻则造成线路烧毁，重则焚毁汽车。

2.汽车灭火措施

汽车着火后应采取以下措施灭火。

1）立即切断汽车电源、油源。

2）关闭燃油箱开关或尽快排出燃油箱内的燃油。

3）立即设法离开驾驶室，如果车门无法打开，可以敲碎车窗玻璃逃脱。当火焰逼近自己而无法躲避时，应用身体猛压火焰，冲出车外。要注意保护好暴露在外面的皮肤，以减轻烧伤，参见前面“汽车发生火灾时的应急处置”。

4）在灭火时，应注意自我保护，不要张嘴呼吸或高声呐喊，以免烟火灼伤上呼吸道；同时注意烤热的油箱、油桶有随时爆炸的可能，应及时疏散车上和周围人员，以免造成更大危险。

汽车灭火

二、汽车防盗

虽然汽车盗窃所占比例有所下降，但是如果汽车真的被盗损失也会很大。所以要懂得一些防盗方法，而且平时要了解一些注意事项，并养成一些好习惯。

1.汽车防盗方法

1）加装防盗锁。给汽车的重要操纵装置加锁，例如通过锁定离合器踏板、制动踏板、加速踏板或转向盘、变速杆等主要操纵件，使盗车者无法将车盗走。

① 加装转向柱锁。转向柱锁的作用是当驾驶人拔出点火钥匙后，转向柱将被锁住，使车辆无法行驶。一般汽车本身带有转向柱锁。

② 加装转向盘锁。转向盘锁的作用是把转向盘与制动踏板连接在一起，使转向盘不能进行大角度转向及制动汽车，达到防盗目的。

③ 加装变速杆锁。给变速杆安装变速杆锁并上锁后可使汽车无法换档。

加装转向盘锁

加装变速杆锁

2）增加暗锁开关，如在发动机起动线、车门锁、油路等处增加一道机关，使偷车者增加起动汽车的难度，无法盗走汽车。

3）给汽车轮胎增加车轮锁。车轮锁可锁在车轮外面，目标明显，既可防盗，又可防止车辆被拖走。

增加暗锁开关

加车轮锁

4）增加指纹防盗锁。指纹防盗锁的智能化程度相当高，目前用于高级品牌的轿车或者单独加装。

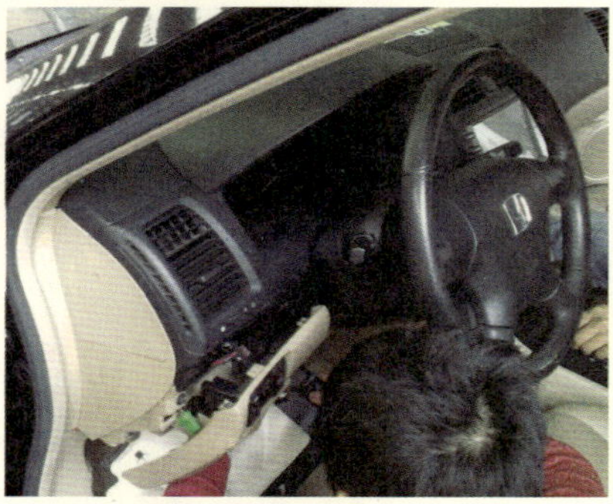

增加指纹防盗锁

2.汽车防盗注意事项

1）一定要养成上车就按下门锁的习惯，以防有人突然拉开车门闯进来；汽车停稳后，要检查所有的门窗是否都已经锁好，同时要拉一下车门把手确认车门锁上后才能离开。

拉一下车门把手

2）只要不在汽车内，哪怕很短的时间，也一定要熄火锁车，拔下车钥匙；驾驶汽车去公共场所时，切勿将汽车交由他人代停，避免陌生人直接将汽车盗走。

3）尽可能把汽车停在地势开阔、行人较多的场地。在夜间，要把汽车停在灯火通明的地方，有条件的话就停靠在封闭的小区车库或有人看管的停车场。

4）注意保存汽车相关信息，如制造厂商和型号，汽车牌照号码、颜色，发动机类型，保险公司和保险代理人的名字，购车日期和地点，汽车的特殊标志等。这样一旦车辆被警察追回，车主就能迅速辨认，向保险公司索赔也更方便。

有人看管的停车场

第十章　出车前及出车后的检查

出车前及出车后的检查是指驾驶人在每次出车前、出车后针对汽车使用情况所做的一系列预防性质的全面检查，其核心内容是清洁、补给和安全检查。

出车前及出车后的检查是非常有价值的，它不仅可以减少途中抛锚的情况，还能延长汽车的使用寿命。

一、出车前的检查

1.检查机油量

把汽车停在平坦的路面，待冷车后拔出机油尺，然后用抹布擦干净机油尺再插进去，插到底后拔出来查看机油尺上的油位位置，标准应该在下限和上限之间。如果油位偏低，则要及时补充。

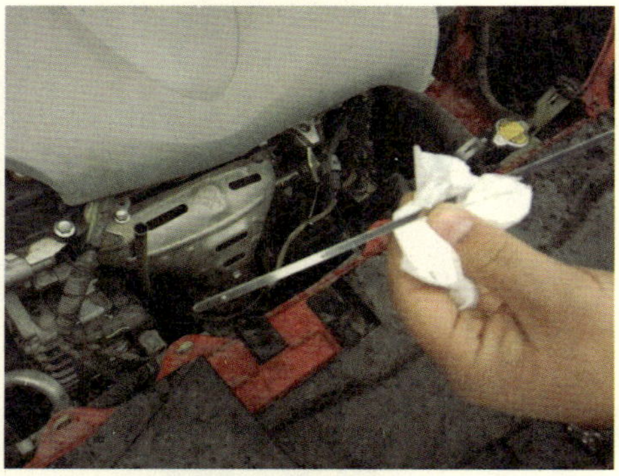

拔出机油尺并擦干净

2.检查风窗玻璃清洗液

打开风窗玻璃清洗液储液罐，观察风窗玻璃清洗液液位高度，它应在高位线与低位线之间。如果低于低位线，则需补充风窗玻璃清洗液。

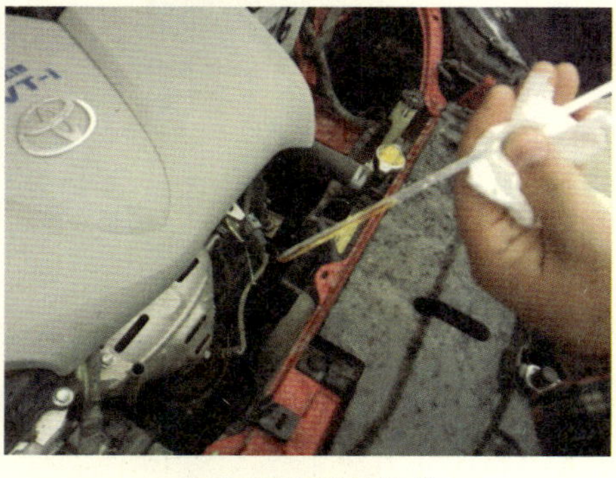

查看机油尺的油位线

检查风窗玻璃清洗液

3.检查制动液

制动液液位位于上限和下限刻度线之间即为合格，不足时要补充制动液。

检查制动液

4.检查发动机冷却液

发动机冷却液如果在储液罐低位线与高位线之间，则表明发动机冷却液液量充足。如果低于低位线，则需补充发动机冷却液。

检查发动机冷却液

5.检查轮胎 / 胎压

仔细查看每条轮胎的外观是否有划伤。如果只是橡胶划伤则不影响使用，但是如果伤到里面的轮胎线，就必须更换新胎。如果超过两年没有换位，最好把前轮轮胎和后轮轮胎进行交换，具体参见第四章的“轮胎换位”。

1）检查胎纹，一般轮胎胎纹深度小于1.6mm时要立即更换。

2）检查胎压，一般胎压在250kPa左右，如果不足要及时补充；如果没有胎压表，用脚踩时没有压瘪则为正常。

3）检查轮胎紧固螺栓是否在规定力矩。

4）检查备胎，确认备胎外观完好，并且胎压符合要求。

检查轮胎螺栓

检查备胎外观

6.检查制动摩擦片

看看制动摩擦片厚度，如果感觉太薄（小于2mm）就需要更换。如果在行车过程中听到制动时有异响，务必去4S店做个安全检查再继续行驶。

7.检查空调系统

检查空调系统，尤其是除雾。因为冬季外面温度比较低，车内水蒸气遇冷会有雾，所以除雾功能一定不能出问题，否则会影响驾驶人的视线。

检查空调系统

8.检查灯光

灯光包括行车灯（近光灯及远光灯）、倒车灯、制动灯、转向灯、车内灯、雾灯等，特别是雾灯，如果有问题，需要马上更换。在行车过程中，天气可能变幻莫测，恶劣天气下，灯光的作用特别重要。平时使用中如果有灯泡损坏，要及时维修。

9.检查喇叭

虽然不建议频繁地使用喇叭，但是出行中难免遇到一些特殊情况，喇叭也许可以发挥作用，检查喇叭是否正常也很重要。

10.安全带

缓慢用手将安全带向下拉时，安全带应能顺利地从卷绕器中拉出。快拉安全带时，应自行锁死；否则，为安全带失效。另外，平时要经常检查搭扣上松开按钮的位置，确认这个按钮必须能够方便地触及以及轻松地打开，以便发生紧急情况时能够解开安全带。

11.检查组合仪表

检查组合仪表是否正常工作，如果有红色灯或黄色灯亮起，说明对应的系统有故障，最好排除安全隐患后再出车。

检查组合仪表

12.工具

车内必备的一些随车自救工具，如千斤顶、轮胎扳手、6~19mm扳手／套筒、一字槽／十字槽螺钉旋具、破窗工具、灭火器等。此外，汽车上还有必备的三角警示牌、牵引带、蓄电池跨接线、熔丝、警告灯等一些应急装备。

千斤顶

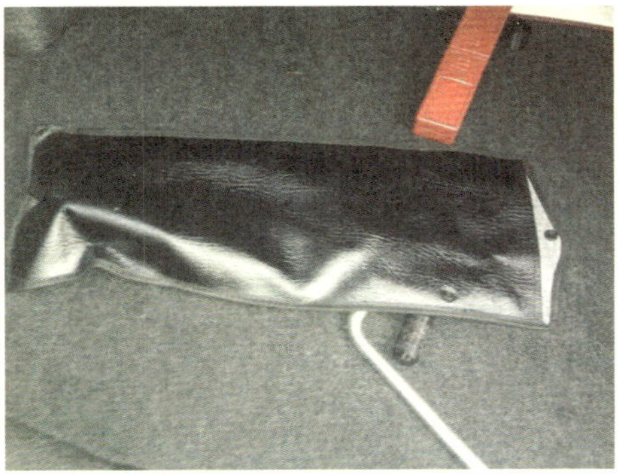

轮胎扳手等工具

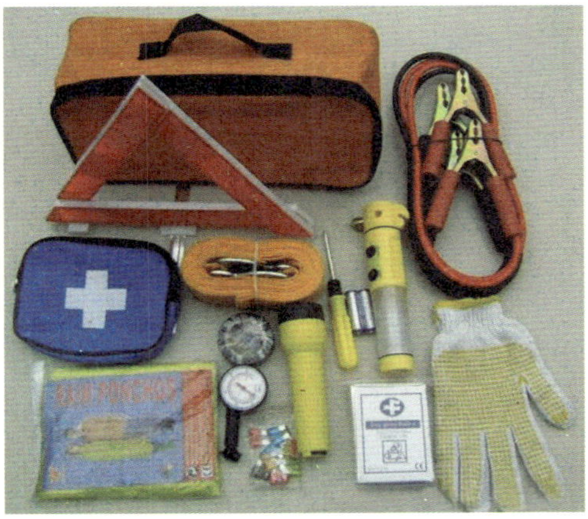

应急装备

二、出车后的检查

当出车归来时，此时不要忘记检查汽车，因为行车时遭遇了不同路况和环境后，对汽车进行全面检查非常重要。

1.检查全车油液

由于长时间的行驶，发动机一直处于一种高转速的状态，这对机油、变速器油、发动机冷却液、风窗玻璃清洗液等的损耗是非常大的，出车后最先检查的就是全车油液是否需要填补，参见前面“检查机油量”“检查风窗玻璃清洗液”等。

2.检查发动机舱及发动机油液是否泄漏

由于长时间高速行驶会令发动机产生幅度较大的抖动，而有些线路、油管插头可能会因为抖动而发生松散、接触不牢等。出车后重点检查汽油油管、发电机线路是否松脱，另外还要对蓄电池的电量进行检查。其次，就是查看是否有管路出现老化、裂纹等现象，必要时及时更换。

检查发动机底部是否有渗漏的迹象，主要是发动机油底壳、散热器、变速器底壳，如果是有发动机底部护板的汽车，出现渗漏的情况会比较少，没有护板的汽车在高速或烂路行驶过程中，很容易托底以及被硬物划伤，这都会导致出现裂纹，从而出现油液泄漏的现象。

检查发动机舱及发动机油液是否泄漏

3.底盘、轮胎及制动系统检查

1）检查底盘部件是否有磕碰变形或损坏的异常情况。

2）长时间行驶对于轮胎和制动盘/片的磨损是最为主要的，所以出车后需要重点检查制动盘/片的厚度以及是否正常工作，这对行车安全起着至关重要的作用。

3）其次就是轮胎的检查，看看是否已经到达需要更换的深度，是否有裂纹或者损伤等。

Tips　车主常识

建议在出车后要对汽车进行非常细致的检查，尤其是电路和管线，以及一些使用到年限的零部件，必要时到汽车维修厂维修，从而降低行驶中抛锚的可能性。

第十一章　走合期用车

汽车在投入使用时都应进行走合期的磨合，因为走合期发动机运动部件尚未达到磨合状态，内摩擦阻力较高，而平顺地度过走合期可节省燃油并延长汽车的使用寿命。因此，车主掌握走合期用车的方法和注意事项是非常重要的。

一、汽车走合期概述

汽车走合期是指新车或发动机大修后初始运行阶段，一般为1000～3000km。新车出厂或者发动机大修后必须经过走合，才能进入正常使用状态。汽车走合期有以下特点。

1）机件磨损快。汽车出厂前虽然按规定进行了磨合处理，但机件表面仍然较粗糙，加之新零配件间有较多的金属粒脱落，使机件磨损加剧。

2）故障多。由于机件在加工、装配时存在偏差，同时还包含着一些难以发现的隐患，在走合期间很可能出现机件卡死、发热和渗漏等故障。

3）润滑油易变质。由于走合期内机件配合间隙较小，油膜质量差，温升大，机油易氧化变质。加上较多的金属粒混入机油，使机油质量下降。

4）耗油量大。为了保证走合期小负荷运行，有些汽车安装了限速装置，只有过了磨合期才能拆除。同时，机件之间较大的摩擦阻力将使汽车油耗增加。

5）紧固件易松动。汽车走合期紧固件易松动，特别是底盘螺栓、轮胎螺母要注意检查。

二、走合期用车方法

1.发动机磨合

1）发动机预热。新车在起步前要进行发动机预热（发动机温度为80℃左右）。所谓发动机预热实际是给发动机一个充分润滑的时间，由于汽车停放一段时间后（尤其是过夜停放），起动后机油不能马上到达摩擦表面，所以要等到机油已到达所有需要润滑的部件（尤其是涡轮增压车型），才能起步。

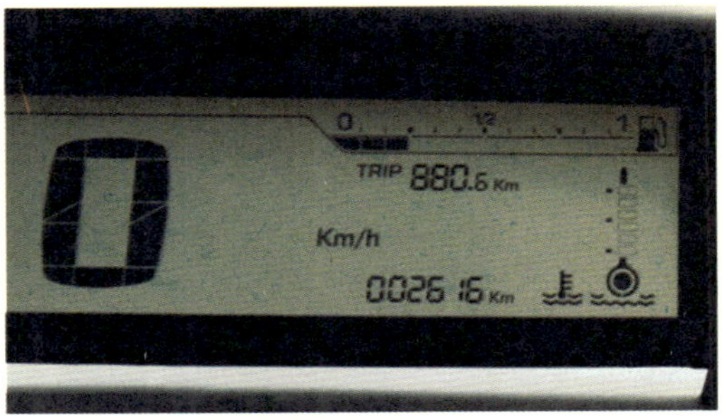

发动机预热

2）行车速度控制。新车初驶阶段都有速度规定，如雪铁龙规定前1000km的行车速度最好控制在60～80km/h以内（具体应以车主保养手册为准）。

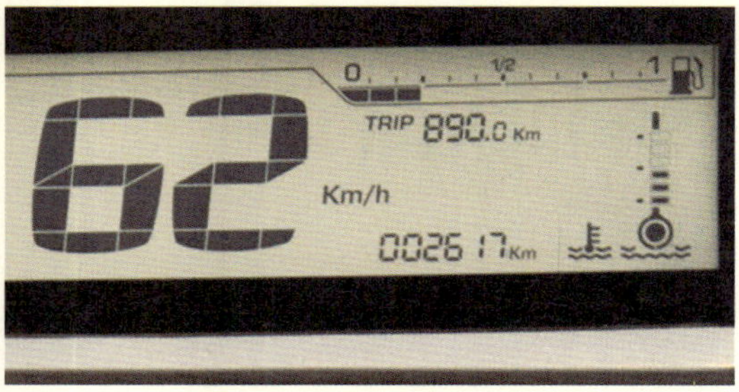

行车速度控制

3）发动机的转速应严格控制在2000～4000r/min。在手动模式下，以低档起步，1km以后换入高档，行车中发动机温度应控制在80～90℃。不要长时间使用一个档位，也不能使用高速档低速行驶或使用低速档高速行驶，各档位从低转速至高转速往复运转一段时间，最高转速以不超过4000 r/min为宜。

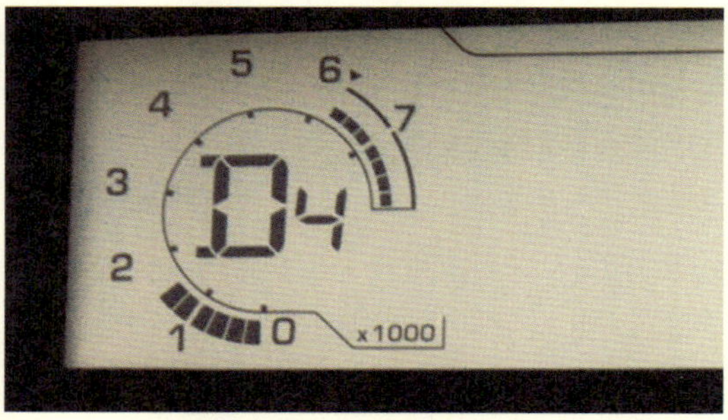

最高转速控制

4）发动机也不可在低转速高负荷下运转，新车满载运行容易造成机件损坏，因此在磨合期内不能超过额定载荷的75%～80%。手动档汽车，一旦发现发动机工作不平顺，应立即换入低档行驶。

2.轮胎及制动器磨合

1）新轮胎也必须经过磨合才能达到最佳附着状态。最初100km内，应以适中的速度行驶，确保轮胎磨合良好，提高轮胎的使用寿命。

轮胎磨合

2）新制动摩擦片也必须经过磨合。在200km以内，制动踏板要以适中力度持续、均匀踩最适宜，不能紧急制动或猛力踩制动踏板。因为紧急制动不但使磨合中的制动系统受到冲击，而且加大了底盘和发动机的冲击负荷。

此外，手动档的汽车应尽量先踩下离合器踏板，再踩制动踏板，以减少对发动机的冲击。

轻踩制动踏板

3.高速行驶

当行驶到3000km后，建议车主在高速公路上以110km/h的速度行驶一段时间。因为发动机在低速运行过程中，发动机节气门、进气歧管及进气门、燃烧室内有大量的积炭。在高速行驶的过程中，进气管路中的高速气流将积炭带走，气缸内的充分燃烧会把积炭烧毁，最后积炭被排放到车外。

1）手动档汽车应从1档开始换到5档，每个档位都维持满转速表4/5左右的转速，分别坚持5～10min行驶。

2）自动档汽车以比较平稳的转速将速度提升到110km/h后，保持匀速行驶30min以上。

三、走合期用车注意事项

1）在走合期间汽车的行驶速度最好不要超出使用手册的规定。

2）在走合期间，仔细阅读车主保养手册，了解和掌握汽车的使用情况都很重要。

3）发动机刚起动后，不允许猛踩加速踏板，待发动机温度升到50℃以上再起步，起步要平稳，减少对传动机件的冲击。

4）汽车在行驶中要合理控制行驶速度，速度应控制在车主保养手册要求的范围内，不允许长时间高速行驶。

5）行驶中，发动机温度控制在80～90℃，根据道路条件情况应适时换档，注意选择路面，不要在恶劣道路上行驶，减少振动和冲击。

6）尽量减少汽车突然加速所引起的超负荷现象，避免紧急制动、长时间制动或使用发动机制动。

7）选用原厂规定的优质燃油和机油。

四、汽车走合期保养内容

新车和大修发动机在走合期满后，应进行一次走合期保养。该保养一般由制造厂指定的维修厂家负责完成（新车称为首保）。其作业内容为清洁、检查、紧固和润滑工作，主要作业项目如下。

1）更换机油。

2）更换机油滤清器。

3）检查变速器和发动机的泄漏情况。

4）检查发动机冷却系中的冷却液、制动系的制动液、风窗玻璃清洗液等。

5）检查转向系统，包括转向机、转向球头等；检查传动轴及前、后悬架系统；检查轮胎气压；检查制动系的制动性能。

Tips 车主常识

1）走合期内发动机在工作时会产生一些细微的金属屑，同时金属屑会留在机油滤清器里，车主只要按照厂家规定的时间更换机油及机油滤清器就可以了。

2）汽车初装油是磨合期专用的机油，要求机油黏度低，散热性好，清洗性、抗氧化性能优越，有些制造商还加入了有利于磨合的研磨剂，所以走合期机油不要过早更换。

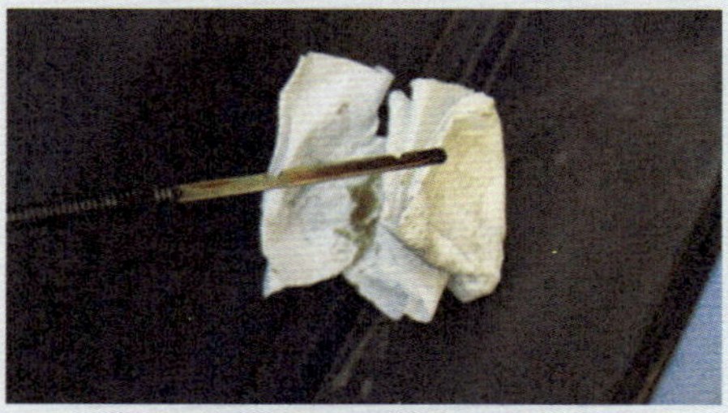

机油中有细微的金属屑

第十二章　用车技巧

不管车主及驾驶人对驾驶技术有多么熟练，在行车的过程中也要做到谨慎驾驶。在用车及行车过程中要认真总结一些用车技巧，不仅行驶安全，还能延长汽车的使用寿命，避免高额的维修费用。本章主要让车主及驾驶人懂得一些用车技巧，做到安全行车。

一、用车的节油方法

(1) 尽量减轻汽车重量

车内不要放置过多无用的物件，据统计显示每增加1kg的负载会增加1%油耗。如在行李箱中不要放很多不常用的东西，避免负载增加而增加油耗。

(2) 不能随意降低车用汽油标号

高标号汽油是为了适应高压缩比的发动机而生产的。高压缩比的汽车意味着有更高的动力性和节能性，但前提是选用合适的汽油。使用低标号的汽油会给汽车带来不必要的损伤，增加油耗。一般在汽车燃油盖内均标有该车使用汽油标号的提示，根据汽油标号的提示正确选用汽油即可。

燃油盖内的汽油标号提示

(3) 选择合适的轮胎

选择合适型号的轮胎对汽车而言至关重要，而且对节油也有一定的影响，参见第四章的“更换轮胎”。要经常性检查轮胎气压，气压过高，使得轮胎过硬，与接触路面变窄，轮胎磨损增加，气压过高非常容易引起爆胎；气压过低，中间散热变差，引起局部温度升高，同样会引起爆胎，同时也会增加轮胎的磨损，油耗会增大。

目前汽车4S店基本都是给轮胎充氮气，因为氮气属于惰性气体，渗透率低，不会因外界的温度变化而热胀冷缩，而且轮胎充上氮气后胎压会较稳定，可有效地降低爆胎的概率，能够有效增加行车的安全性，并降低油耗。

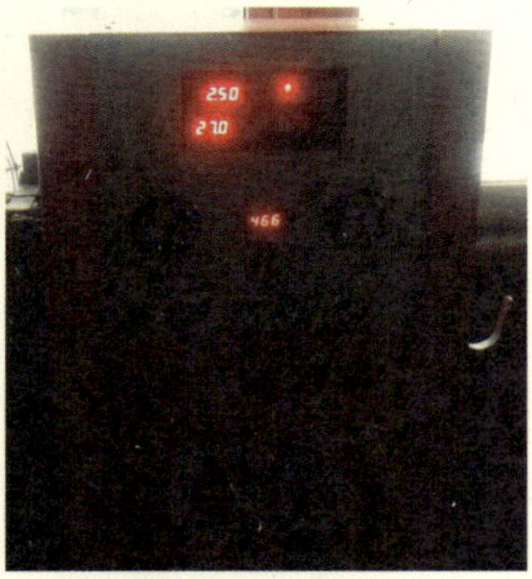

给轮胎充氮气

(4) 容易损耗的配件应及时更换

用车过程中应及时更换容易损耗的配件，如汽车的机油、机油滤清器、空气滤清器和汽油滤清器均要定期更换，参见第二章的“汽车保养周期和项目”。空气滤清器应经常检查，不干净应立即清洁或更换。因为空气滤清器堵塞会引起气量减少，导致汽油燃烧不充分，降低燃油效率。而汽油滤清器、机油滤清器的阻塞也会使发动机工作异常，造成油耗增加。

(5) 合理选用机油

要合理选用机油等级，参见第三章的“润滑系统的基础常识”。在汽车行驶过程中，合格的机油能够保持良好的润滑作用，另外，还能减少气缸壁与活塞表面的磨损，从而减少油耗。

(6) 不要过分改装车辆

对车辆进行改装，加上导流板、防雨罩、尾翼等，这样会破坏原车的流线设计，增加风阻，也会增加油耗。加装上灯光和额外用电设备，加大汽车电力消耗，会大大增加油耗。

二、节油驾驶方法

(1) 正确起步

发动机起动并暖机后，缓慢行驶，起步时要手脚协调，轻踩加速踏板，缓抬离合器踏板，做到起步平稳可靠。待发动机温度升至80℃时，方可正常行驶，这样可以降低燃油消耗。

(2) 正确使用加速踏板

使用加速踏板时，应坚持“轻踏、缓抬、不急加速”的原则，做到脚轻手快，力争做到平稳、准确操作。有的驾驶人起步前和收车时，喜欢猛踩几次加速踏板，这样每踩一次加速踏板约浪费10～40mL汽油，尤其是在发动机熄火前应克服习惯性猛踩加速踏板的不良行为。

正确使用加速踏板

(3) 正确换档

选择合适的档位，在正确的时机换档。加速踏板及离合器踏板配合要好，杜绝高档起步、低档高速、高档低速。使用适当的行驶档位，迅速变换不同的档位，有利于节油。正确换档是节油的重要环节。

(4) 正确使用离合器踏板

对于手动档汽车，行驶中换档要靠离合器踏板配合来完成，使用离合器踏板应做到轻抬、缓放，使其平稳接合，防止离合器接合冲击或过多使用离合器半联动状态，因为离合器半联动状态最耗油。

(5) 正确使用制动踏板

避免急加速后又无故地急制动，制动时缓慢踩制动踏板，尽量减少使用紧急制动的情况，特别情况除外。需要制动时提前预见，早抬加速踏板，有利于节油。

正确使用制动踏板

(6) 合理控制行车速度

根据不同路面情况采用合理的行车速度，减少紧急加、减速和紧急转弯，尽量保持匀速前进，保持发动机在最佳转速范围内。一般在市区内，车速控制在60km／h左右比较好；高速公路上行驶保持100km／h（经济车速）左右最好。

Tips 注 意

不同的车型在不同道路有不同的经济车速，一般在节气门开度为80%时的车速为经济车速。汽车行驶时控制在经济车速比较节油。

合理控制行车速度

(7) 合理使用空调

尽量不使用空调，空调是汽车耗油最大的电器之一。夏天时，空调要合理使用，空调的制冷液要定期检查，冷却器的散热片也要定期清洗，参见第五章“检查及清洁空调系统”。如果长时间不清理冷却器的散热片，灰尘会降低散热效率，会增加空调电子风扇工作时间，同时也会增加油耗。

(8) 减少开启车窗

高速行驶关闭空调而打开车窗通风不可取。因为当车速高于85km／h的时候，开窗后的风阻消耗比空调系统消耗的燃油更多，它会让车的燃油经济指数下降10%。因此，高速行驶时应减少开启车窗或不开车窗，可节省燃油。

(9) 合理使用滑行

行驶中切断发动机的动力，利用汽车惯性或下坡的动能继续行驶的方法称为汽车滑行。由于滑行时只需消耗很少的燃油，甚至不消耗，因此合理的滑行是重要的节油操作方法，但是必要注意行车技巧。

合理使用滑行

(10) 发动机温度的调节与控制

发动机的正常温度通常为80～90℃，这时发动机油耗最低，功率最高。温度过高或过低，都将使油耗增加。试验表明，发动机温度为40℃时，其燃油消耗比正常温度时增加9%～12%。当发动机温度超过95℃时，油耗比正常温度时增加30%～40%。

组合仪表中发动机温度表显示

三、夜间行车技巧

夜间行车，由于视野变窄、视距变短，因此一定要放慢行驶速度，同时也要掌握一些夜间行车技巧。

1.夜间行车的特点

夜间行车与白天不一样，夜间驾驶的困难程度也比白天要大一些，危险也多一些。所以每个驾驶人必须掌握夜间驾驶的规律和特点。

1）夜间驾驶由于受到灯光照射的限制，盲区较大，视线不良，不利于驾驶人观察道路情况。

2）行驶时，驾驶人在对面车灯及其他光源的照射下，容易产生眩目，造成盲行，危及行车安全。

3）车灯不停地晃动以及道路坡度、方向、角度的不同，容易给驾驶人造成错觉。

4）夜间驾驶人的视野受条件限制，没有参照物，过于单调，只能听到机器的轰鸣声，容易困倦。

5）人们正常的生理习惯是白天工作、夜间休息，而驾驶人夜间长途行车，特别是午夜至凌晨极易疲劳而发生交通事故。

6）夜间道路上车辆、行人稀少，情况单一，容易导致驾驶人盲目提速行驶。

2.夜间行车的路况判断

1）利用耳朵判断。黑夜路况难以判断，视觉在黑暗中受阻，可利用耳朵判断。一般来说，如果感到发动机声音变得沉闷、同时车速变缓，说明行驶阻力增加，汽车可能正行驶在上坡或松软路面上。如果感觉发动机声音变得轻快、车速自动加快，说明行驶中阻力减小，汽车可能正行驶于一段下坡路中。

2）借助光线判断。人的视觉系统有着很强的适应性，黄昏时分，可以在确保安全的前提下，只打开示宽灯，让眼睛适应一下光线不足的情况，而到了夜晚，有了近光灯的辅助，视线也会更好一些。

3）巧用灯光判断。夜间行车常遇到交叉路口，可根据向路来车灯光的照射，预测对方车的行驶情况，如路口内看到远光灯的散光，可判断车距交叉路口尚远，如看到大面积的光束或在路口拐角处有明亮的光线或电线杆、影壁（多见于T字形路口），做好让行的措施。在天气好的情况下，如对方是远光灯直射光线，且距离远又清楚，可判断前方道路平坦；如远光灯光线突然消失不再出现，可判断前方有路口或弯道；如远光灯光线左右大幅度摆动，可判断前方是弯曲道路，如远光灯光线上下浮动可判断前方是坡路。

3.夜间行车的操作

(1) 夜间起步操作

起步前应观察好周围道路环境和过往车辆、行人，打开左转向灯，再打开前照灯（近光）照亮前方道路，然后按起步的操作要领起步。

打开前照灯（近光）

(2) 夜间会车操作

夜间在照明不良开启远光灯与对方来车相距将近150m时，应将远光灯变换为近光灯。如果对方车辆依然在远光状态未变为近光，勿直视对方车辆灯光，应及时减速或停车让行。在狭窄道路或窄桥行驶时，与对方非机动车会车时也应将远光变换为近光。

夜间会车操作

(3) 夜间跟车操作

夜间紧跟前车行驶将远光变换为近光，否则远光灯直接通过前车的后视镜反射到前车驾驶人的眼睛导致眩目而发生险情。此外，行驶中也应注意前车信号灯变化，随时做好减速或者停车准备。

当遇有冰、雪、泥泞路时更要增大车距。后车在跟随行驶时，还应注意不要随意变换远、近灯光，以免前车误以为后车准备超越。

夜间跟车操作

(4) 夜间超车操作

在道路照明正常情况下超车时，应提前开启左转向灯，并仔细观察后视镜，交替使用远、近灯光示意前车，在确认被超车辆让行后，再开启近光灯超越。超越前车后，打开右转向灯，确认右后视镜与被超车辆拉开安全距离后驶回自己车道。同样道理，行驶中，后车用灯光示意超车时，在道路条件允许的情况下，及时避让。切记不具备让行条件的不可盲目避让，否则就会因采取措施不当引发危险情况。

夜间超车操作

(5) 夜间通过路口操作

夜间通过照明不良的路口，尤其是无信号灯的路口时，距离路口150m时，交替使用远、近灯光，以此示意路口周围的车辆行人，并慢速通过。转弯通过路口，提前减速并开启转向灯，交替使用远、近灯光，安全通过。

夜间通过路口操作

转弯通过路口

(6) 夜间弯道行驶

夜间通过弯道时，提前减速，交替使用远、近灯光。进入弯道时，应开启近光灯，慢速靠右侧行驶，随时做好停车准备，确保安全。若遇连续急弯，也是交替使用远、近灯光，并观察到弯道尽头，适时调整方向。

在夜间行至弯道，特别是在不熟悉的道路或湿滑、冰雪道路上更要当心，谨慎驾驶。

夜间弯道行驶

(7) 夜间坡路驾驶

1）夜间汽车上坡时由于前照灯照射角度的变化，会使光照距离过近影响观察，同时伴有发动机声音沉闷、动力下降等现象。此时，应适当提前逐级减档并变换远光灯，以便增加照射距离。当汽车接近坡顶时应变换近光灯，防止灯光反射加大视线盲区。

夜间汽车上坡驾驶

2）夜间汽车下坡时，会使发动机转速升高、声音变轻、灯光照射距离变远、道路清晰度下降。此时，应及时加档并注意间断使用近光灯观察道路情况。

(8) 夜间凹坑驾驶

夜间驾驶遇坑时，会在前照灯照射的道路中出现黑影，如果随着汽车的行进，黑影逐渐消失，一般为小坑，适当松开加速踏板或轻踩制动踏板即可通过。若汽车接近时，黑影依然存在，为较大坑，应制动减速抵近观察，确认深浅后减档通过或绕行。

夜间凹坑驾驶

(9) 夜间破损、施工路段驾驶

夜间在一些没有条件设置红灯或正规标志的破损、施工路段，道路上会出现故意摆放的砖、瓦、石块及设置木架、拉线。此时，驾驶人一定要引起高度重视，特别是在不熟悉的道路上，应减速并左、右转动转向盘，利用车灯扫视、观察周围有无大坑及障碍，是否可以绕行。确认安全后方可通过。

夜间破损、施工路段驾驶

(10) 夜间通过人行横道

夜间通过人行横道时，距离将近100m时减速慢行，并交替使用远、近灯光示意周围车辆和行人，确认安全后，慢速通过。

夜间通过人行横道

(11) 夜间停车

1）汽车在路边暂停时，不要把所有灯光全部关掉，应开小灯（示宽灯）。

2）夜间遇有雨、雾天气，汽车在低速行驶及靠边停车时，也应开小灯和危险警告灯（黄色双闪）。

3）汽车出现故障或发生事故时，应在车尾50m 处设置故障标志牌，并开启危险警告灯。

4）终止行车停放时，应选择好停车地点把车停稳，先关闭所有灯光然后再熄火（即先关灯后熄火）。

夜间停车操作

四、恶劣天气和复杂道路的行车技巧

1.通过桥梁、隧道的行车技巧

(1) 通过桥梁的行车技巧

1）车辆通过桥梁时，应注意桥梁附近交通标志指示，选择好行驶路线并观察好桥上的交通情况，且与前车保持一定的安全距离，减速通过。

2）遇到窄桥时，应尽量避免在桥头换档、制动、会车和停车。

3）车辆通过立交桥时，应减速行驶。当车辆转弯时，应按标线的引导行驶。如果发现选择的线路错误，应继续向前行驶，到下一个路口掉头，切勿立即原地掉头或倒车。

通过桥梁的行车技巧

(2) 通过隧道的行车技巧

隧道分为单向行驶隧道和双向行驶隧道两种。通过单向行驶隧道时，应严格按照信号灯通行，驾驶时将视线注意点移到隧道的远处，不要看两侧隧道壁，注意保持行车间距，严禁在隧道内变更车道、超车和随意停车；通过双向行驶隧道时，应开启示宽灯或近光灯，靠右侧行驶，会车时应注意保持横向安全距离。

通过隧道的行车技巧

2.山区道路的行车技巧

山区道路是顺着山区地势修筑而成的道路，盘山公路蜿蜒曲折，陡缓不同，路窄弯急，视线不良；傍山道路狭窄，还伴有弯道、陡坡和桥梁等，是山区道路中最险要的道路。在山区道路操作时要高度集中精力，手脚协调，适时换档，合理制动，禁止空档滑行。

(1) 山区道路跟车的行车技巧

汽车在山区道路跟车驾驶时，要根据路段情况来适当增大跟车距离，避免前车在起步时后溜。

(2) 山区道路会车的行车技巧

在山区道路会车时，会车应选择安全地段，并且主动减速或停车与对面车会车。山区危险路段会车时，右侧是山体，可紧靠右行行驶，给对方让出比较安全的空间，右侧是山涧时，不要紧靠右行驶，而是在自己车辆的右侧留出足够的安全空间即可。

山区道路跟车的行车技巧

山区道路会车的行车技巧

(3) 山区道路安全停车

在山区道路驾驶，最基本的技巧就是坡道停车，如当遇见来车需停车避让、交通堵塞需停车、车辆抛锚需停车检修时均需要停车。

1）上坡停车。在上坡行驶中，当需停车避让等待时，在不关闭发动机的情况下，换空档，右脚踩牢制动踏板，同时拉上驻车制动器，防止右脚意外松开制动踏板导致车辆后滑。注意不能用左脚踩制动踏板，需要起步行车时，换1档，右脚后跟踩制动踏板，脚尖慢慢踩下加速踏板，左脚缓慢松开离合踏板，同时慢慢松开驻车制动器，可以适当踩下加速踏板，但离合器踏板不能松得太快，防止车辆起动时速度太快，失去控制。

关闭发动机、熄火停车时，需挂1档，拉起驻车制动器，同时下车寻找石块卡住车辆后轮，防止车辆后滑。

2）下坡停车。在下坡行驶中，当需要熄火停车等待时，需换倒档，拉起驻车制动器，前轮用石块卡住，防止车辆前滑。

Tips 车主常识

很多路况较好的路段不易找到石块卡住车轮，如果提前准备石块放在车上，在制动失灵的紧急情况下会有所帮助。如确无石块，使用一件厚实的棉衣或衣物垫住车轮，也可帮助避开危险。

下坡停车

(4) 山区坡道的行车技巧

1）上坡。汽车上坡行驶时，应当提前将汽车换入中、低速档，平稳上坡。当驶近坡道顶端时要减速鸣喇叭示意（除禁止鸣喇叭路段外），避免顶端视觉盲区导致意外。当动力不足时，应迅速减档，以防拖档熄火。如果错过换档机会，可越级减档。若遇换不进档位或发动机熄火时，应使用行车制动器与驻车制动器强行停车，然后重新起步。

2）下坡。驾驶汽车在山区道路下坡行驶时，要通过减档控制车速，充分利用发动机牵引力进行控制，不可空档滑行。此外，还要合理使用制动踏板稳定车速。

下坡的行车技巧

(5) 山区弯道的行车技巧

山区弯道转弯时要主动让车辆和行人，做到“减速、鸣喇叭、靠右行驶”，时刻注视弯道处以防突然出现车辆，确保安全通过。山区道路弯多路窄，行驶中要多鸣喇叭，并且注意避让优先通行一侧的车，让其先行。

山区弯道的行车技巧

(6) 山区道路超车的行车技巧

在山区道路超车时，要尽量选择宽敞地段，在超车前开转向灯、提前按喇叭，确认安全后超车。在有禁止超车标志或法规不允许超车的路段，严禁超车。

山区道路超车的行车技巧

3.特殊道路及恶劣天气的行车技巧

(1) 雨天的行车技巧

雨天行车，视线不良，道路湿滑，车轮与地面的附着力下降，行驶时应加大车距，避免紧急转向和紧急制动。在驾驶过程中应注意以下几点。

1）通过街道时，应注意非机动车和行人的动态。

2）在大雨天气驾车，减速慢行。当刮水器无法刮净雨水时，应当立即靠边停驶。

3）遇暴雨或特大暴雨时，应选择安全地点停车，并开启危险警告灯示意来往车辆。

4）雨中行车光线较暗，有时还会同时伴有一定的雾气，能见度差。因此，即使是在白天也应打开近光灯和雾灯。

5）在山区公路行驶时要提防路肩疏散和堤坡坍塌现象，行车时应选择道路中间坚实的路面，避免靠近路边行驶。

雨天的行车技巧

(2) 冰雪道路的行车技巧

冰雪道路行车，由于汽车轮胎与路面的附着系数较小，容易产生滑移，在驾驶过程中应注意以下几点。

1）雪天行车时，为防止车辆侧滑或与其他车辆发生剐碰，缓慢行驶并控制好车距。

2）结冰道路上行车时，需装上防滑链，平稳操作。会车时要选择安全地段，提前避让，必要时停车让行；会车不要太靠近；不可猛抬或急踩制动踏板，尽量利用发动机的牵阻作用减速。

3）在弯路等危险地段行车时，应侧重注意选择行车路线，必要时可以停车勘察路况。如道路上已有车辙，应循车辙行车。

4）转向时要提前减速，稳住转向盘，做到“慢转慢回”。在不影响来车的情况下，尽量加大转弯半径，以减小转弯时的离心力，不可“快速急转快速急回”，否则会出现侧滑或甩尾的现象。

5）在冰雪坡道行驶时，应提前换入低速档，上坡中避免换档；加速时不可过急，否则会导致车辆后溜，如车辆已后溜，应先使车辆后倒，然后停车再重新起步。起步时应缓慢，均匀踩下加速踏板，不可过急或断续加速。

6）严寒天气需长时间停放车辆时，应

选择无冰雪的路面停车，无上述条件时，可清除车轮下的冰雪，以免轮胎与地面冻结在一起。如车胎冰结，则须挖开轮胎周围冻结的冰雪再行驶，切勿强行起步，以免损伤轮胎。

冰雪道路的行车技巧

(3) 雾天的行车技巧

雾天行车能见度较低，应及时打开雾灯、前照灯及危险警告灯，充分利用灯光提高能见度，看清车辆及其行人的动态。

1）要根据视距远近，适当控制车速，尽量做到低速行驶。

2）视线不良时，应与其他车辆和行人保持足够的安全距离，并且要注意其他车辆及其行人的动态。

3）行车过程中适当鸣喇叭引起对方注意（除禁止鸣喇叭的路段外）。

4）遇到特大雾天，行车困难时应选择安全地点停车，确保安全。

雾天的行车技巧

(4) 大风天气的行车技巧

大风天气行车，由于风速和风向往往不断地发生变化，当感到车身左右抖动时，一定要双手稳握转向盘并减速，控制好车辆的行进方向。

1）顺风时机动车速度较快，要减速慢行，不要争道抢行。

2）逆风行驶时，要注意骑车人，因为骑车人为减少阻力，一般是埋头骑行，很少抬头，必要时靠边停车避让。

3）遇横风时，当机动车行驶方向发生明显偏离，驾驶人应迅速减速慢行，握稳转向盘，适当地慢慢修正。当机动车速度较快时，可以适当地连续轻踩制动踏板，禁止使用紧急制动和猛转转向盘。

大风天气的行车技巧

(5) 涉水路段的行车技巧

在涉水路段行车时，应换入低档平稳驶入水中，避免猛踩加速踏板或猛冲，尽量避免行车过程中停车、换档或急转弯。

在涉水路段，如果出现熄火，切勿立即起动车辆，以避免严重损伤发动机，而应尽快将车辆推或拖动至积水少的地方，确保发动机没有进水的情况下起动车辆行车。由于制动盘涉水后制动效能变差，要保持低速行驶并且间断轻踩制动踏板以恢复制动效果。

涉水路段驾驶

(6) 泥泞路段的行车技巧

在泥泞路段行车时，应选择平整、坚实或有车辙的路段通过，防止汽车侧滑。一旦发生侧滑，在松开加速踏板的同时，向后轮侧滑的一侧缓慢转动进行修正。

行驶中要选择适当的档位，用加速踏板控制车速，平稳通过。当遇到车轮空转打滑时，应挖去泥浆或填上石头、沙子、草木等硬物。

泥泞路段驾驶

五、紧急情况下避险技巧

1.一般道路紧急情况下避险

(1) 轮胎漏气的应急处置

汽车行驶中如果发现轮胎漏气时，驾驶人应紧握转向盘，慢慢踩制动踏板减速，同时控制住行驶方向，尽快驶离行车道。轮胎漏气后千万不要采取紧急制动，轻者可能导致漏气轮胎的严重损坏甚至报废，重者可能导致汽车以漏气轮胎为支点而发生侧翻。

(2) 轮胎爆胎的应急处置

爆胎瞬间汽车会向爆胎方向倾斜并转向。后轮爆胎情况相对简单，车身倾斜但方向一般不会突然改变，不过极端情况下可能会出现甩尾现象。

行车中爆胎时，应双手紧握转向盘，尽量保持原行车路线，松开加速踏板，打开危险警告灯，待车速降至可控范围（60km/h以下），根据路况将汽车驶向紧急行车道，慢踩制动停车。

轮胎爆胎

(3) 转向不灵的应急处置

当发现汽车转向突然不灵时，驾驶人应

当尽快减速，松开加速踏板，缓慢踩制动踏板，千万不要紧急制动，尽量靠右行驶，并选择安全地点停车，排除故障后方可继续行驶。如果偏离直线行驶方向，事故无法避免时，应果断地连续踩踏、放松制动踏板（点刹），尽量缩短停车距离。

(4) 转向失控的应急处置

当发现汽车转向失控后，如果前方道路条件能够保持直线行驶，要立即开启危险警告灯，抢换低档或合理使用制动踏板和驻车制动器减速，千万不要紧急制动。如果偏离直线行驶方向，事故无法避免时，应果断地连续踩踏、放松制动踏板（点刹），尽量缩短停车距离。

(5) 制动突然失灵的应急处置

在正常行驶中发现行车制动失灵时，应迅速使用驻车制动器，控制好转向靠路边停下。当下坡时，如果驻车制动器、行车制动器制动失灵，驾驶人要强行换入低速档，果断地利用天然障碍物，给车辆造成阻力，以消耗汽车的惯性力而停车脱险。

(6) 发动机突然熄火的应急处置

行驶中发动机突然熄火后，如果不能再次起动，此时应开启危险警告灯，然后靠右缓慢滑行到右边停车，然后摆放好三角警告牌标志后，再检查发动机熄火的原因。千万不要采取紧急制动，迫使汽车迅速停车，否则可能导致后方车辆发生追尾的情况。

(7) 汽车行驶侧滑的应急处置

行驶中突然发生侧滑，如果是制动过猛而引起的侧滑，应立即松开制动踏板。如果是转弯横向力过大引起的侧滑，此时应松开加速踏板降低车速，朝侧滑一边迅速转动转向盘时，要注意道路条件和转向盘转动的幅度，以免汽车冲出路面。

(8) 汽车行驶侧翻的应急处置

1）当驾驶人感到车辆不可避免地要侧翻时，应紧紧抓住转向盘，两脚踩住制动踏板，使身体固定，随车体翻转。如果车辆侧翻在路沟、山崖边上的时候，应判断车辆是否还会继续往下翻滚。在不能判明的情况下，应维持车内秩序，让靠近悬崖外侧的人先下，从外到里依次离开。

2）如果车辆向深沟翻滚，所有人员应迅速趴到座椅上，抓住车内的固定物，稳住身体，避免身体在车内滚动而受伤。翻车时，不可顺着翻车的方向跳出车外，防止跳车时被车体压伤，而应向车辆翻转的相反方向跳跃。若在车中感到将被抛出车外时，应在被抛出车外的瞬间，猛蹬双腿，增加向外抛出的力量，以增大离开危险区的距离。落地时，应双手抱头顺势向惯性的方向滚动或跑开一段距离，避免遭受二次损伤。

(9) 汽车发生火灾时的应急处置

1）当汽车发动机发生火灾时，驾驶人应迅速停车，让乘车人员打开车门自己下车，然后切断电源和发动机的油源，重点保护燃油箱和装有防冻液的散热器。应戴上手套，将脸偏向一侧打开发动机盖，对准火源用灭火器灭火。使用防火砂时，应从火边缘开始，逐渐向里缩小，直到全部覆盖。如面积大，又无灭火器应及时拨打119求救。

2）当汽车在加油过程中失火，要立即停止加油，迅速将车驶出加油站，用灭火器或衣服等将燃油箱上的火焰扑灭；如果地面有流散的燃料在燃烧，应用灭火器或沙土将火扑灭。燃油箱着火后，应用两个以上的灭火器从左右或多方向将火围住进行扑救，千万不要用水浇或拍打。

(10) 汽车落水后的应急处置

当汽车不慎落水后，驾驶人应保持冷静，尽快打开车门或摇开车窗逃生。如果无法打开车门的就砸窗，用安全锤、头枕或尖锐物品敲碎车窗玻璃逃生。

用安全锤敲碎车窗玻璃

用头枕敲碎车窗玻璃

2.高速公路紧急情况下避险

(1) 高速路水滑避险

雨天在高速公路行驶时，随着车速的增加，轮胎与路面之间已形成水膜，使轮胎悬浮，而发生“水滑”现象。发生“水滑”现象时，应握稳转向盘，逐渐降低车速，不得迅速转向或急踩制动踏板减速。

(2) 高速路侧滑避险

如果是过度制动引起侧滑，应松开制动踏板，反向轻回方向，使驱动轮恢复抓地力；如果是车速高、转向急引起的侧滑，应松开加速踏板降低车速，同时根据车速和发生侧滑的状态向出现侧滑的一侧轻转方向。

(3) 高速路汽车故障避险

高速公路上遇到汽车故障不能继续行驶时，要开启危险警告灯和尾灯，在车后150m以外设置三角警告牌，然后快速从右侧离开汽车，站在防护栏以外，然后进行求援。

设置三角警告牌

(4) 高速路火灾

在高速公路行驶发生火灾或自燃时，要尽快靠边停车，在来车方向设置警告标志，及时打119报警，然后使用灭火器灭火。发动机着火时，要迅速关闭发动机，不要开启发动机舱盖灭火，不得将汽车驶入服务区或停车场灭火。

(5) 遇到横风时的应急处置

车辆在高速公路行至隧道出口或凿开的山谷出口处，可能遇到横风，当驾驶人感到车辆行驶方向偏移时，应双手稳握转向盘，进行微量调整，适当减速，千万禁止猛转动转向盘和紧急制动。

遇到横风时行驶

第十三章　途中紧急情况处理

虽然在出车前及出车后都能够对汽车进行全面检查，但是在行车途中难免因各种原因而发生故障，从而使汽车不能正常行驶。

本章主要是让你懂得一些途中紧急情况处理知识，做到临危不乱，沉着冷静地采取正确的处理办法，从而顺利地行车。

一、汽车液体泄漏故障处理

在行车途中可能会出现液体泄漏的异常情况，此时应该按照以下方法进行处理。

1）如果发现停车位地面有液体，此时应该查看汽车底部，确定是否有什么液体泄漏。如果没有，则将汽车停到另一个位置再检查。地面液体可能是你停车之前因另一辆汽车有泄漏的情况而遗留在停车位上。

2）寻找到泄漏的部位，检查是否是发动机、变速器、燃油箱或者散热器的油液泄漏。一般发动机机油为黑色，变速器油为红色，燃油为透明色，散热器的冷却液为绿色或红色，而空调冷却器的水也是透明的。

3）找到液体泄漏的源头，如果对继续行驶影响不大时，可以采取行驶一段距离后补充泄漏的油液（如发动机漏油则加注机油，变速器漏油则加注变速器油，散热器泄漏则加注冷却液），然后继续行驶一段再补充，直到找到汽车维修厂进行维修；如果液体泄漏严重且影响了继续行驶，此时自己能够及时处理的则处理好后方可行车，否则必须寻求“救援”。

散热器泄漏

二、汽车异响故障处理

在行驶途中若听到汽车发出异响，表明汽车可能存在故障，此时应判断异响的来源。以下是行驶过程中常见异响故障源及处理办法。

1）从发动机舱传出尖锐而刺耳的声音可能是发动机传动带磨损引起的，此时在不影响安全行驶的前提下，可以继续行驶，到达目的地后再更换新件。

2）靠近发动机听到“嗡嗡”声，可能是发电机或冷却液泵响，可以继续行驶，到达目的地后再维修。

3）发动机有“哒哒”声响，可能是发动机内部气门响，可以继续行驶，到达目的地后应及时拆检发动机内部进行维修。

4）自动变速器发出“嗖嗖”声，可能

是自动变速器油泵工作不良引起，如果影响不大则可以继续行驶，到达目的地后应及时到维修厂进行维修。

5）踩制动踏板时有尖叫声，可能是制动盘磨损严重，或制动盘、制动蹄磨损引起，此时应小心驾驶，到达目的地后参见第三章“制动系统保养”进行维修。

6）当行驶在不平道路上时，车身颠簸严重，可能是悬架系统部件故障，到达目的地后参见第四章“检查悬架系统”进行维修。

发动机传动带磨损

三、发动机过热故障处理

当汽车组合仪表板的冷却液温度指示灯点亮或冷却液温度表指针上升到最顶端时，说明发动机出现过热的故障，此时应马上靠边停车进行检查。此外，有些高级品牌的轿车，如卡宴轿车还会在组合仪表板出现“发动机温度过高”的提示。

1）如果温度过高或温度指示灯不停地闪亮，要停车检查散热器冷却液是否正常，散热器、水管及各接头处有无渗漏现象。若通过外表检查均未发现异常，即可按规定补足散热器冷却液后再继续行驶。如果行驶一段距离后，温度仍过高，停车检查又发现散热器冷却液减少，这多半是因气缸体的水套有砂眼或穿孔而使冷却液流失，发现此故障后，应及时到汽车维修厂进行维修。

发动机冷却液温度指示灯报警

2）发动机温度过高时，可用手去触摸上水管与下水管的温度来判断故障所在，若两水管温差较大，即可判为节温器不工作。在途中若一时购不到配件，可拆除节温器应急，待到达目的地后立即更换新的节温器。

3）如果冷却系统中有空气，会形成气阻，使散热器循环不良，导致发动机温度过高。此时让发动机高速运转，将散热器盖轻轻拧开至刚有气体放出，此时会有部分散热器冷却液随气体一起流出，如此反复多次，直至将气体放完为止（此时用手摸上、下水管，温度会明显不同），故障排除后，应及时补充冷却液。

Tips 注 意

如果需要打开散热器盖，应首先用湿毛巾盖住盖子缓慢拧松，待发动机冷却液中的高压蒸汽排出后再打开散热器盖，避免散热器内的蒸汽喷出烫伤自己。

4）汽车若长时间行驶在土路或泥泞路段，会有一些脏物粘附在散热器上，久而久之，会影响散热效果，造成冷却液温度过高。这时可先用压缩空气吹散热器格栅，再用水管冲洗，然后继续行驶。

四、无法起动故障处理

行驶途中汽车无法起动的原因有很多，主要包括蓄电池没有电、起动机损坏、燃油耗尽、发动机内部故障等，主要解决办法如下。

1.在组合仪表上找出故障原因

1）查看燃油表，是否是燃油箱中没有燃油了。如果没油，则到最近的加油站购买燃油或打送油电话寻求帮助。

2）从点火开关拔出钥匙，然后重新起动，可能点火开关接触不良导致发动机无法起动。

3）检查自动变速器变速杆是否在P位或N位。如果是手动变速器汽车，检查变速杆是否在空档，离合器踏板是否踩到底。

4）打开点火开关，检查组合仪表的指示灯是否点亮，如果不亮，蓄电池可能没电或者熔丝损坏，参见第五章“更换熔丝”。

5）再次起动发动机，如果起动机运转缓慢，此时打开前照灯再次起动，起动机转动更慢，表明蓄电池电量不足，应给蓄电池充电或更换蓄电池（参见第三章“蓄电池的保养”），也可以向路过的驾驶人求助，以便“借电”起动汽车。

6）再次起动发动机，如果起动机空转或不转，此时可以“借力”起动汽车。

2.检查发动机舱的相关部件

如果上述方法无效，则应打开发动机舱盖进一步检查。

1）检查蓄电池，检查蓄电池的电缆连接是否牢固。

2）检查发电机，检查发电机电缆连接是否牢固可靠。

3）检查起动机，检查起动机电缆连接是否牢固可靠。如果起动机有问题，可以用铁锤轻轻敲击几下，此时起动机可能会工作，但是必须尽快维修。

3.“借电”起动汽车

1）将两辆车靠近，直到跨接电缆足够连接两块蓄电池的正负极，要注意确保两辆车没有接触，只允许使用具有足够的承载能力且带绝缘外皮的电缆。此外，也可以使用一个良好的蓄电池或充电机进行“借电”以起动汽车。

2）跨接起动时首先连接正极，然后连接负极。最后按正常方式起动故障车辆，车辆起动后应轻踩加速踏板，使发动机以2000r/min的转速运转几分钟。

3）车辆起动后各种电器所需电由发电机发电提供，此时应关闭车上所有附属用电设备，减轻发电机的供电量。

4）拆开跨接负极电缆，再拆开跨接正极电缆，然后查明蓄电池无电的原因，继续行车。

4.“借力”起动汽车

1）将变速杆挂入“空档”位置，由驾驶人操纵转向盘，其他人下车（或求助过路的人）推动车辆使发动机起动。

用蓄电池“借电”起动汽车

2）汽车起动后，千万别再熄火，而是到最近的维修机构进行检修或更换。

Tips 注　意

在推车起动的过程中一定要注意公路上的行人或车辆，确保安全的情况下进行。

五、更换备胎

车主必须掌握更换轮胎的知识，因为在行驶途中难免会有扎胎或漏气，甚至爆胎的情况，此时就需要用备胎进行更换。

1.顶起汽车

1）在更换轮胎前，首先要将车停放在相对安全、平坦的地方，然后拉紧驻车制动器，将档位置于空档并关闭点火开关。

2）打开危险警告灯并按规定放置三角警告牌。

3）找到随车携带的千斤顶以及工具包和备胎。备胎一般放在行李箱地板下方、挂在车尾下面或固定在行李箱门外。

4）取出备胎放在车辆下方，这是为了防止千斤顶坏了车身侧倾。

5）将千斤顶放置在汽车安全支撑点。大多数汽车的安全支撑点在前轮后面或后轮前面，具体位置在车主保养手册可以找到，而且在千斤顶上有使用注意事项。

工具包和备胎

汽车安全支撑点

6）举起车辆，直到轮胎几乎离开地面但依然接触地面为止。

举起车辆

2.拆下轮胎

1）如果轮胎上有轮毂罩，先用一字旋具将其拆开即可找到轮胎螺母。

2）使用轮胎扳手拧松所有固定在车轮上的轮胎螺母，由于固定在车轮的轮胎螺母拧得很紧，因此可以借助全身力量拧松。注意：逆时针方向为拧松，顺时针方向为拧紧。

3）完全升起千斤顶，直到轮胎不再接触到地面。

4）将拧松的轮胎螺母依次轻松拧下并收集在一起，便于稍后安装。

5）拆下轮胎。

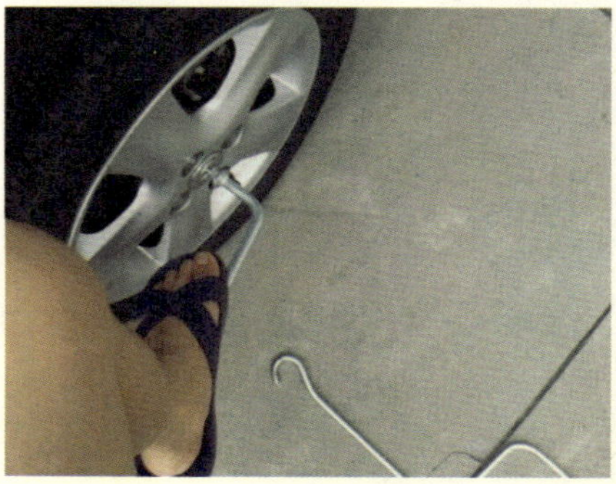

拆卸轮胎

3.安装备胎

1）在车底下取出备胎，然后将拆下的轮胎放置车底。

2）把轮胎放置车轮上。

3）用手依次拧紧轮胎螺母。

4）降低千斤顶，使轮胎与地面接触，使得用轮胎扳手拧紧螺栓时，车轮不会转动。

5）用轮胎扳手拧紧轮胎螺母，切记不要按照顺时针或逆时针将轮胎螺母依次拧上，而是要按照对角线的顺序来拧紧轮胎螺母，而在拧时最好每颗轮胎螺母拧的圈数保持一致，保证轮胎螺母受力均匀。

6）降低千斤顶并将它移走（同时将垫在车下的轮胎移走），使汽车轮胎重回地面。

7）此外，按照拆卸轮胎时那样依靠身体力量将每颗轮胎螺母拧紧，同样是按照对角线的方式。

8）收起千斤顶，最后将拆下的轮胎和工具一起放到行李箱或指定的位置。

安装备胎

六、汽车救援

如果车主遇到自己无法解决的故障，可以联系汽车4S店或者最近的汽车救援服务公司，向专业的汽车救援技术人员求助，他们会询问并判断汽车大概的问题，然后赶往现场进行维修或驾驶救援拖车进行救助。

1.现场维修救援

现场维修救援包括给汽车充电（汽车行驶中出现蓄电池没电）、换蓄电池服务、更换轮胎、燃油意外耗尽时的紧急送油服务以及现场能够及时排除的故障，具体的操作方法如下。

1）驾驶人向汽车4S店或者最近的汽车救援服务公司打求助电话。此时，救援人员会询问汽车大概的故障类型，然后赶往现场进行维修或驾驶救援拖车进行救助。

2）救援人员准备好工具到故障点进行维修，对于现场无法维修的，需要进行“拖车服务”。

现场维修救援

2.拖车服务

拖车服务主要是将故障车拖运到汽车4S店或专业的汽车维修机构进行维修。

1）多数汽车采用平板式拖运。先将平板倾斜，然后由卷扬机通过链子拉动汽车沿斜面向上，最后将平板缓慢升平，将四个车轮固定。

平板式拖运

2）采用拖拽式拖运，一定要将变速杆换到N位置，否则将会使驱动系统损坏。

拖拽式拖运

七、交通事故处理常规方法

在行驶的过程中再小心也难免会出现一些让人不愉快的事情，所以车主应该懂得一些交通事故处理方法，以便保持冷静对待，避免不知所措。

1.立即停车

在汽车安全运行的情况下立即停车，然后让车上所有乘员安全离开道路；将发动机熄火并打开危险警告灯；立即记下对方车牌号码，以防对方在发生交通事故后逃逸。

记录车牌号码

2.发出警示

保护好现场；向其他车辆发出警告，亮起危险警告灯；在路上设置三角形警告牌；如有需要，再用其他方式示警。

设置三角警告标志

3.立即打电话报警

需要求救时，派人去求救或使用身边的移动电话，在高速公路上可使用路边的求救电话。求救时详细说明发生意外的地点等情况。

拨打求救电话

4.报案

轻微交通事故可进行快速处理或自行前往交通事故报案中心报案。如发生较大的交通事故，应立即报告执勤交通警察或拨打报警电话，详细说明事故发生地点，等待交通警察查看现场。如果没有重大损失，其他车主同意自行协商解决，检查对方驾驶证及车辆手续，其中车辆手续包括车牌、年检、行驶本及交强险等，然后记录车牌号码等信息。车辆可以移动的，车主及驾驶人应当在确保安全的原则下对现场拍照或者标划事故车辆现场位置后，立即撤离现场，将车辆移至不妨碍交通的地点，再进行协商。

现场拍照

Tips 车主常识

如果不能自行协商解决，交通警察和保险公司定损将确定事故责任者，不必主动承认错误和责任，也不应责备其他车主，而是等待交通警察和保险公司的处理意见。